新常态下经济管理的创新与实践

袁　君　曾寒静　刘　瑾　著

中国原子能出版社

图书在版编目 (CIP) 数据

新常态下经济管理的创新与实践 / 袁君，曾寒静，刘瑾著 . -- 北京 : 中国原子能出版社，2020.9（2025.3重印）

ISBN 978-7-5221-0873-5

Ⅰ . ①新… Ⅱ . ①袁… ②曾… ③刘… Ⅲ . ①中国经济－国民经济管理－研究 Ⅳ . ① F123

中国版本图书馆 CIP 数据核字 (2020) 第 172022 号

新常态下经济管理的创新与实践

出版发行	中国原子能出版社（北京市海淀区阜成路 43 号 100048）
责任编辑	胡晓彤
责任印刷	赵　明
印　　刷	北京天恒嘉业印刷有限公司
经　　销	全国新华书店
开　　本	787mm × 1092mm　1/16
印　　张	11
字　　数	203 千字
版　　次	2020 年 9 月第 1 版
印　　次	2025 年 3 月第 2 次印刷
标准书号	ISBN 978-7-5221-0873-5
定　　价	66.00 元

网　　址：http//www.aep.com.cn　　E-mail:atomep123@126.com

发行电话：010-68452845　版权所有　翻印必究

前　言

随着我国改革开放的不断深入和社会主义市场经济体制的逐步建立与完善，我国经济管理的职能与方式发生了较大变化，初步建立了以经济手段和法律手段为主的间接宏观调控体系；企业自主经营、自负盈亏；加强对市场的监管，努力完善市场准入和退出机制。经济管理职能的转变和完善对推动我国经济结构和经济体制的转型，促进我国经济发展和对外技术交流合作产生了积极的影响，对构建和谐社会具有重要的意义。

21 世纪，我国的经济转型已经进入了一个新的时期。一方面，经济运行呈现良好态势，经济总量连续多年保持高速增长；经济全球化的进程加快了我国融入国际市场的步伐，我国已成为影响全球经济的重要国家之一；社会主义市场经济体制框架已初步建立，市场作为资源配置的基础功能日益显现，企业正逐步成为市场的主体；另一方面，经济结构和经济体制的转型也遇到了难题和困境，这些对我国经济管理职能与管理方式的转变提出了新的挑战。鉴于此，笔者撰写了《新常态下经济管理的创新与实践》一书，以基本概念释义与相关理论指导为切入点，分别探讨管理要素与经济态势、区域经济新发展与管理模式、城市公共经济管理及其发展、农业经济创新建设与管理实践、企业经济管理模式的创新与实践以及数字化企业经济管理创新实践。

本书有如下特点：

第一，针对性。根据社会主义市场经济条件下经济管理实践中的新情况、新问题，对相关内容合理取舍，既注重知识面的拓宽，又突出了重点、要点和关键点。

第二，前沿性。坚持理论与实践相结合的原则，吸取学术界较新的研究成果，体现前沿性。本书内容力图体现社会主义市场经济条件下我国管理经济的特点，反映管理经济实际及其新变化的动态，强调理论联系实际，尽可能地适应经济管理学习者学习的需要。

本书由广东交通职业技术学院袁君、广东白云学院曾寒静、刘瑾合著。其中，袁君负责第六章、第七章、参考文献的撰写工作；曾寒静负责第二章、第五章的撰写工作；刘瑾负责第一章、第三章、第四章的撰写工作。

笔者在撰写本书的过程中，得到了许多专家学者的帮助和指导，在此表示诚挚的谢意。由于笔者水平有限，加之时间仓促，书中所涉及的内容难免有疏漏之处，希望各位读者多提宝贵意见，以便笔者进一步修改，使之更加完善。

作　者

2020 年 3 月

目　　录

第一章 绪 论

随着我国经济的稳步发展，企业已经呈现出新的发展特征，因此在新常态经济背景下，我国企业也应该全面加强经济管理方式的创新和改革。本章主要探讨新型经济发展的基本概念释义与相关理论指导。

第一节 基本概念释义

一、管理的释义

组织的出现建立了管理的基础。管理是协同合作劳动的必然产物，是确保作业活动完成组织目标所必要的。如果要实现个人力量无法完成而需要一群人的力量才能完成的目标，就必定需要管理。

什么是管理？中外众多管理学著作中对此都有相关表述。由于这些定义是不同学者从不同方面、基于不同思考方向得出的结论，因此定义内容也不尽相同。汇总之后，较为全面和准确地表述管理的内在含义和外延范围的定义是：管理就是在特定的环境下，有效地计划、组织、领导和控制所有资源，更好地完成已经确定的组织目标的经过。这个定义主要有以下要点。

（1）管理活动基于特定组织的内外环境制约才能存在。不管是哪一种组织都存在于特定环境中，并且受双重制约。譬如，企业不能缺少来自外部的材料供给及客户需要，国家法规、律法等监督约束着企业管理工作；学生的求知若渴及就业市场的要求决定了学校的存在。管理理论的学习和实践必定重视内部环境和外部环境的协调，发挥内外部环境中积极要素的最大作用；依据内外部环境条件的演变改进。

（2）管理服务于组织目标的达成。管理活动主要特点就是目的性，达成组织的目标是管理活动的最终目的。即便处于相同阶段，组织要达成的目标常常也是多种多样。例如，企业的目标就包括多个：①发挥组织资源最大的利用价值；②积极承担社会义务，进入更广阔的发展领域，扩大市场，实现经济收益的最大化；③为员工的能力提升提供更好的条件。学校的目标：①培养优质的学生；②提高师资队伍的教研能力。效率和效果是权衡管理工作的重要标准，任何组织都必须注重这个问题。

（3）科学合理地运用组织的各类资源，管理工作才能达成组织目标。资源不仅是组织运作的基础，而且是顺利进行管理工作的先决条件。传统意义上的资源是指内部的、有形的资源，如人力、财力和物力等。现代意义上的资源不仅范围广而且种类丰富多样，组织是否投入最少的资源，取得最大、满足需求的成果收益，是衡量管理成效是否好、是否有效的重要标准。衡量组织的效率是否高，组织是否具有比较合理的投入产出比，就看在产出一定的情况下，投入是否最少，或者在投入不变的情况下，产出是否最多，甚至是在最少投入的情况下，产出是否最多。不过，管理者不能只看重效率，还要注重活动的效果，以保证组织活动能够完成既定目标。效率的定义与效果的定义完全不同。效率代表活动形式，表示资源的使用程度高还是低，没有好坏之分。效果则是对活动目标和结果的反映，不但有高低之说，还存在明显表现差异的好与坏两方面。正确地做事就是指效率高，做正确的事就是指效果好。效率和效果存在着千丝万缕的关系。

由此可知，管理是“效率”和“效果”的联系纽带。通过管理，组织中正确的人做正确的事，实现工作有效性的最大化。管理是完成活动目标的重要手段，更要做得高效率。组织中的管理工作要求有效率，更要求在看待组织的整体效果以及对社会的贡献时，从整个组织角度出发。通常所说的绩效，即实现效率与效果科学、合理的融合，在效率和效果中表现管理的目标。

（4）管理最后要在计划、组织、领导和控制等管理职能上落实。管理者只有彻底了解并执行了管理职能，才能开始正常的管理工作。这也是管理工作与其他组织活动的重要不同之处。任何一个管理者都必须深入贯彻管理职能。社会制度、组织规模和管理者的偏好不能左右它，它是管理理论研究和实践的重点。

二、经济的释义

经济（economy）这个词源于希腊语 oikonomos，最早是古希腊的色诺芬在《经济论》中使用的，是指庄园的管理，或是说家庭管理的方法。在古希腊，经济也指一种谋生术，是取得生活所必要的并且对家庭和国家有用的具有使用价值的物品的方法。在西方，随着自然经济发展到商品经济，“经济”一词便超出了家务管理的范围。在中国古代，“经”是指经营国家事务，“济”是指救济人民生活，“经济”一词的原意，是指“经邦济世”“经国济民”。现代汉语中所使用的“经济”一词，是我国近代学者严复翻译日本著作时引进的词汇，并且随着社会的不断进步，“经济”一词在汉语中的含义更加广泛。

经济是人类社会的物质基础，没有经济就没有人类社会。经济与政治一样属于人类社会的上层建筑，是构建人类社会并维系人类社会运行的必要条件。“经济”一词的具体含义随语境环境的不同而不同，它既可以指一个国家的宏观的国民经济，也可以指一个家庭的收入和支出。“经济”有时作为一个名词，指一种财政状态或收支状态；有时候也可以作为动词使用，指一种生产过程等，“经济”是当前非常活跃的词语之一。

随着时代的变迁，“经济”一词逐渐具有了现代社会中人们经常使用的含义。在经济哲理中，一般认为“经济”主要有以下三种含义。

其一，特定历史阶段社会关系的总和。在物质资料生产过程中，经济是为了满足社会生产力发展的需要，所产生的生产关系的综合体、社会经济制度。社会上层建筑，如政治、法律、哲学、宗教、文学、艺术等都是基于经济而发展的。

其二，物质资料生产和再生产的过程，包含直接生产物质资料的过程，及受其制约的生产资料交换、生产资料分配和生产资料消费的过程。在生产力和生产关系两个要素中，生产力尤为重要。

其三，特指一个国家的国民经济或某一个国民经济中的部门。“经济”是国家国民经济的总体称谓，即一个国家的全部物质资料和部分非物质资料的生产部门及生产活动。

一般情况下，经济指不同国家的经济状况，譬如国民生产总值、社会总产值、企业的产量与效益等都是从国民经济的层面上来讲的。以工业经济、农业经济、商业经济等为例，经济有时也指国民经济中的某个部门。

三、经济管理的释义

为了达到既定目标，经济管理者有计划、有组织地开展社会经济或生产经营活动的指挥、协调和监督，就是经济管理。换句话来说，经济管理者对经济活动的管理即为经济管理。经济管理的含义主要包括以下几点。

（1）潜在的生产力经过管理转化为实际的生产力体系。每种生产力因素都是独立的存在，在没有外力干预的情况下不能实现科学有效的融合，不会自主转变成生产力，在管理的干预下，它们才能形成有效的现实生产力的体系。

（2）管理是推动人类社会飞速发展的强大动力。随着拥有一定劳动能力的劳动者以及生产资料的出现，人们获得了适应并改造自然的力量。除此之外，经济管理能力的增强及管理水平的提高，使人、事、物相互之间的融合愈加合理，生产力的各种要素更容易转变成实际生产力，从而整合成一股凝实的力量，人们改造自然的能力也会因此而日益强大，工作效率得到提高，经济效益得到增大。

（3）最先进的生产力——科学技术通过管理发挥最大的作用。不管是本国发明的科学技术还是从国外引进的科学技术，作为生产力的科学技术不会自主转化成生产力。在有效的管理作用下，科学技术才能真正地转化为生产力。所以，管理为更先进技术的运用提供了条件，优质的管理是技术发展的重要支撑。

（4）生产力总体能力的发挥受管理的约束。管理以劳动者为中心，将劳动者、劳动工具、劳动对象、技术和管理等诸多要素整合成有机整体，构建一个动态的生产力运行系统。管理水平不同，生产总体能力也不同。

第二节　相关理论指导

一、管理理论

管理活动源远流长，自古即有，管理思想的发展可追溯到人类最初试图通过集体劳动来达到目标的年代。人类进行有效的管理实践大约已超过6000年的历史。早期的一些著名的管理实践和管理思想散见于埃及、中国、意大利等国的史籍和许多宗教文献中。从历史记载的古今中外的管理实践来看，以世界奇迹著称的埃及金字塔、巴比伦古城和中国的万里长城，其宏伟的建筑规模生动地证明了人类的管理和组织能力。无论是埃及的金字塔，还是中国的万里长城，在当时的技术条件下，如此浩大的工程，不但是劳动人民勤劳智慧的结晶，而且是历史上伟大的管理实践的体现。

（一）管理学的产生

19世纪末叶，出现科学管理的开端，人们第一次利用了“科学管理”这一术语。随着企业的规模和数量不断增长，管理人员遇到了以前所没有遇到过的多种问题。人们考虑问题的重点已经转移到以前内部的各种问题中，如加工过程、设备排列、场地布置、生产技术、刺激制度，等等。管理已经逐步转向注意“物”的管理。人们聚集在大集体中，这又突出了组织与效率的问题。对这些问题的关心出现在相关的管理文献中。

当认识到需要通过社会、出版物和会议来交流观点与管理思想时，人们对管理的认识已有了变化，把它看成是对人类经济活动有影响的一门完整知识。管理人员被公认为受尊敬的人。管理原理这一主题已经从工业界扩散到大学的课堂，管理终于成为一个独立的研究领域[1]。

（二）现代管理理论形成

1941 年以后，现代化科学技术的发展日新月异，生产和组织规模急剧增大，生产力迅速发展，生产社会化程度日益提高，这些引起了人们对管理理论的普遍重视，在美国和其他许多国家，不仅从事实际管理工作的人和管理学家研究管理理论，而且一些心理学家、社会学家、人类学家、经济学家、生物学家、哲学家、数学家也都从各自不同的背景、不同的角度，用不同的方法对现代管理问题进行研究。这一现象带来了管理理论的空前繁荣，出现了各种各样的学派。由于这些学派都是从各自的背景出发，以不同的理论为依据来研究同一对象——管理过程，因此带来了一些概念、原理和方法上的问题。

二、经济学理论

（一）计划经济和市场经济

1. 计划经济

如果说市场经济体制是非人为设计、自然形成的资源配置方式，那么计划经济体制就是人为设计的替代市场体制的另一种资源配置方式。

当人们看到私有制基础上的市场体制带来的问题时，便希望有一种新的能够直接代表社会利益和愿望的制度取而代之。于是，在社会主义公有制的国家中，人们选择了计划经济体制[2]。

在纯粹的计划经济体制中，生产资料归国家所有。政府在了解全国当前和今后、私人消费和公共消费的需要的基础上，通过指令性计划安排生产要素在各个行业、各种产品之间进行分配，安排消费品在全体居民中进行消费，政府的计划部门就集中地解决了经济上的生产什么和生产多少，如何生产以及为谁生产的问题。

[1]颜廷君，顾建光．中国经济与管理（2018 第 1 辑）[M]. 北京：中国书籍出版社，2018.

[2] 吴元波．经济管理 [M]. 上海：文汇出版社，2007.

事实上，没有一个社会主义国家实行过这种纯粹的计划经济方式。在我国实行的计划体制中，生产资料并不是完全归中央政府所有，许多是归地方政府和劳动者集体所有的。中央计划并不规定一切，各级地方政府、企业和劳动者集体有一定的根据市场需要安排生产的余地。特别是消费者有一定的用货币投票的权力，可以在一定程度上根据自身的喜好选择使用手中货币的方式，这种选择会通过市场上消费品供需的矛盾给政府计划部门一些信息。但是从总体上看，决定劳动、资本、土地的配置以及收入分配的主要力量，仍然是国家计划。

计划经济方式有一些优点。对于一些明显有益于社会公众的事业、工农业基本建设、投资量大、回收期长的项目，通过计划的集中决定方式比诱导从自利出发的分散的个体来决定，效率更高，速度更快。计划方式不用担心由于分散的个体对经济前景乐观或悲观的估计而引起宏观经济波动。计划方式有利于实现比较平均的收入分配。

2. 市场经济

市场经济作为一种体制，是随着西方自然经济的瓦解而逐步形成的。市场经济是在财产权利的制度制约下，通过个人和企业在市场上自愿交换、分散决策来解决经济上的问题。

消费者根据自己的喜好和需要在市场上选购产品和服务，生产者生产的不是人们所需要的各种材料、半成品和成品，没有人进行统一的指挥和调度，整个经济是如何实现有序、协调和有效率的?

用于解释市场经济机制的一个最简单的模型是：市场活动的主体是大量分散决策的消费者和生产者：有两类市场——产品市场和要素市场。在产品市场上，生产者是产品供给方，消费者是产品需求方；在要素市场上，消费者是要素供给方，而生产者是要素需求方。消费者在要素市场上提供要素服务取得收入，而在产品市场上支出，以换取自身需要的产品；生产者在产品市场上销售产品取得收入且在要素市场上支出，以换取生产所需的要素和服务。每个消费者通过市场交换使自身得到最大的满足，而每个生产者则力求得到最大的利润。

市场机制是产生均衡价格（即使供需数量相等的价格）的机制。当供大于求时，价格下跌；当求大于供时，价格上升。这并不是人为规定的法则，而是供需双方在市场中讨价还价的结果。根据各自追求最大利益的行为准则，价格较低时需求增加或供给减少或两者同时发生，而价格较高时则相反。当所有市场上都形成了均衡价格时，市场就同时解决了经济上的三个基本问题：产品市场上各种产品的均衡产量是生产什么和生产多少的答案；生产者为取得最低成本而采用的技术和企业组织方式是如何生产的答案；

要素的价格和数量则解决了生产对象的问题。

（二）需求与供给

1. 需求理论与影响需求的因素

商品是用来交换的劳动产品，而交换是通过市场进行的。在市场上每一种商品都有自身的供给和需求。所谓需求，是指消费者在一定价格水平上对某种商品的有支付能力的需要。这个定义说明，需求是以消费者的货币购买力为前提的，没有这个前提，任何需要只能是对某物的占有欲望，而不是需求。另外，需求是相对于商品的某一价格水平而言的，特定的价格形成特定的需求。

需求量是指在一定价格水平下，社会上所有的居民所希望购买的某种商品的总量。一种产品的需求数量并不是固定不变的，它受很多因素的影响，不同的产品其影响因素是不同的，但通常以下几个因素是共同的。

（1）产品的价格。一般情况下，价格上涨，消费者的需求量就减少；价格下降，消费者的需求量就增加。例如，棉布提价，化纤布降价后，对棉布需求量就减少，对化纤布的需求量就增加，使消费者的购买结构发生了变化。

（2）其他商品的价格。商品之间的关系可分为互补与替代。互补关系是指两种商品共同满足一种欲望（例如，录音机与磁带即为互补关系）。互补关系的商品之间价格变动对需求量的影响是：当一种商品的价格上升时，另一种商品的需求量就减少；反之，当一种商品的价格下降时，另一种商品的需求量就上升。替代关系是指两种商品可以互相代替来满足同一种欲望。例如，牛肉和羊肉。替代关系的商品之间价格变动对需求量的影响是：当一种商品的价格上升时，另一种商品的需求量就增加；反之，当一种商品的价格下降时，另一种商品的需求量就减少。所以，其他商品的价格是影响产品需求量的一个重要因素。

（3）消费者爱好的变动。例如，在我国，过去对咖啡的需求量较小，中国人习惯于喝茶。但是随着人们嗜好（包括习惯）的变动，人们对咖啡的需求量也会发生变化。

（4）消费者的个人收入。一般来说，随着个人收入的增加，对产品的需求量就会增加，反之就会减少。例如，近年来，农民对电脑等家用电器的需求量增加很快，因为农民的收入增加了。

（5）广告费。一般来说广告费支出得越多，人们对产品的需求量也越大。但当广告费增加到一定数量时，因广告而引起的需求量的增加却变得相对有限。

（6）对价格变化的期望。人们对该产品将来价格的期望如何，也影响产品的需求量。如果人们对价格看涨，需求量就会增加；如果对价格看跌，需求量就会减小。

除此之外，产品需求数量的影响因素还有社会人口的数量及其组成、消费者对未来的看法、度假制度、地域等。

2. 供给理论与影响供给的因素

供给是处在市场上的商品的另一面。所谓供给，是生产者或销售者在一定价格水平上提供给市场的商品量。作为供给也要具备两个条件：第一，有出售愿望；第二，有供应能力。二者缺一不可，在厂商的供给中既包括了新生产的产品，也包括了过去生产的存货。

影响企业（或行业）供给的因素有很多，但主要有以下几点。

（1）产品的价格。产品的价格越高，企业的利润就越多，企业为了增加利润，就愿意生产更多的产品。所以，价格上涨，供给量就会增加；价格下降，供给量就会减少。

（2）产品的成本。如果产品的价格既定，成本越高，利润就越少，从而企业的供给量就会减少；反之，成本越低，利润就越多，供给量就会增加。企业产品成本的高低又受企业生产技术水平、原材料价格和工资水平的影响。所以，如果企业的生产技术有了改进，原材料价格下降了或工人工资下降了，都会导致产品成本的降低，从而扩大企业的供给量。

（3）生产者对未来价格的期望。如果生产者对产品未来的价格看涨，厂商就会多生产；反之，就会少生产。

（4）其他商品的价格。如果其他商品的价格高，企业会获得更大利润，生产者对当前产品就会少生产。

除此之外，企业供给还受厂商所要达到的目的、现有的技术水平以及厂商对未来的预期等因素的影响。

第二章　管理要素与经济态势

我国目前处于经济发展的新形势中，企业对只适合技术构成的智力资源占有率决定了企业的命运，拥有先进化智力资源的企业能更好地服务于社会，能在竞争日趋激烈的市场中获得胜利。企业是否能在合适时间对自身智力资源进行有效利用，主要取决于企业所使用的管理模式。本章主要探讨管理及管理者，管理控制与决策，知识经济、法治建设与管理创新。

第一节　管理及管理者

一、管理

（一）管理的本质

学习和运用管理，要明确管理工作的本质和特征。管理工作与作业工作体现出明显的差异性，相比于作业工作，管理工作要特殊一些。为了更加准确地把握管理工作的本质和特性，首先应该研究管理工作与作业工作之间的关系。

首先，管理工作不同于作业工作，作业工作的完成过程需要管理工作的服务和保障。

其次，组织目标的实现需要管理工作和作业工作之间形成相互促进、共同协作的共生关系。

再次，从事管理工作的人员也能够做一些作业工作。虽然这两种类型工作的定义不同，但是其工作内容却有交叉点。例如，在高校的工作体系中，管理工作者偶尔也从事作业工作，校长在发挥自身职能的同时也承担教学任务，公司的销售经理有时也会负责业务谈判以及合同签订等工作。通常情况下，管理者参与作业工作，能够与下属工作人员建立良好的交流和互动关系。然而，若管理者将大部分精力都花费在作业工作中，则管理者将会逐渐忘记自己的工作职责，对组织的顺利发展会造成不利影响，需要注意的是，经常出现这种情况的管理者基本上都来自基层。

管理工作的本质就是管理者组织和调动其他工作人员为实现组织目标共同努力和奋进。通常情况下，对于一些具体的事务和工作，管理工作者都是移交给下属人员来完成，而将自己的时间用于计划、安排、组织、监督以及考核等工作内容上。管理工作者的身份地位与其他工作人员具有显著差异，其原因在于管理工作者的工作性质不同于其他人员的作业工作，而且管理工作者还要负责考核作业工作人员的绩效完成结果，激发他们的工作积极性，确保良好的工作效率，以上这些情况就是管理人员和工作作业人员的差异体现。

（二）管理的职能

管理的基本职能包括计划、组织、领导以及控制，换言之，管理由一系列相互关联且连续进行的活动构成，在管理的工作过程中，管理者应该充分发挥以下基本职能。

（1）计划。组织的存在价值就是实现目标，因此，作为管理工作者，首先需要制订相应的目标计划和方案，计划职能是管理的首要职能，管理工作应该以计划作为出发点。具体而言，计划工作的程序和内容如下。

第一，确定目标。根据对现有资源条件的分析和考量，确定组织的活动方向和目标。组织的业务活动实施需要特定的条件和环境。活动条件研究主要分为内部能力研究与外部环境研究。前者是指从客观上研究组织内部资源的种类和数量，以及在主观上对资源的利用能力；后者是指研究组织活动的环境特征和变化趋势，分析并掌握环境的变化过程及其规律，并在此基础上预测环境之后呈现的状态[1]。

第二，制订业务决策。活动条件研究是业务决策的前提条件，也是业务决策的基本依据。业务决策指在活动条件研究的前提下，揭示环境变化过程中将会出现的问题以及遇到的机遇等，还有组织在资源方面所具有的优劣势。

第三，编制行动计划。在明确组织发展目标和方向之后，管理工作者还要围绕目标具体研究各部门的情况，编制具体的行动计划，提出具体的要求。因此，编制行动计划实际上就是将决策目标分解成不同的小目标，再将小目标分配至不同的部门，做到对每个工作人员都提出具体要求。

[1]王宛濮，韩红蕾，杨晓霞．国际贸易与经济管理 [M]. 北京：航空工业出版社，2017.

（2）组织。再好的计划方案也只有落实到行动中才有意义。组织工作的具体程序和内容如下。

第一，设计组织。可以分为机构设计和结构设计。前者指在分解目标活动的前提下，为了实现组织目标进行具体研究，明确应该设置的岗位和职务，然后，再按照一定的标准组合不同的岗位和职务，从而增加部门数量；而后者指根据组织业务活动和环境特征设计和规定各部门之间的关系。

第二，人员配备。管理工作者在充分掌握每个员工素质和技能的情况下，按照不同岗位的工作要求，适当地匹配工作人员和工作岗位，确保工作效率的最大化。

第三，组织变革。按照业务活动和环境特点的变化规律，调整和变革组织结构。

（3）领导。每个组织内部的构成要素除了人力资源管理者之外，还有其他至关重要的工作部门。人类所具有的能动性是组织活动有序开展的主要原因。管理工作者的领导职能是指挥和协调组织中的工作人员，具体是指调动下属员工的工作动力、指导工作人员顺利地完成任务以及协调各组织成员之间的关系等，若出现人际关系冲突问题，管理者要及时给予解决，确保每个工作人员都能够全身心地投入到组织工作中。

（4）控制。管理工作者应该监管组织的绩效情况，将预先制订的目标与实际的发展情况进行对比，其目的就是促进组织目标快速实现，以及保证制订的计划能够顺利实施。若出现了偏差，管理者需要及时纠正偏差，将组织拉回至正确的轨道上。偏差情况指工作内容偏离了组织目标和绩效标准，为了纠正组织活动的偏差，需要修改或重新制订组织目标和绩效标准。也就是说，随着组织内外环境的不断变化，以往制订的目标和标准也应该随之改变。

除此之外，控制工作活动还包含衡量工作人员的绩效水平，出现偏差情况及时采取纠正措施。控制工作除了检查和总结之前的组织活动情况之外，还要调整部分或整体的组织业务活动。因此，在管理工作中，控制活动具有连接功能。

无论是计划和组织职能，还是领导和控制职能，在组织中都有与之相对应的重点内容，为组织的发展提供重要依据。此外，这些基本管理职能并不是各自独立的，而是相互渗透、相互促进的，并且融为一体。

二、管理者

（一）管理者的类型

管理者是组织内不可或缺的重要组成要素，对于管理者的类型，要从不同角度来划分。大多数管理者所扮演的角色并没有体现出较大的差异性，然而，不同层次管理者的工作侧重点却有所区别，角色的分量也各不相同。因此，通过管理者类型的划分，使所有管理者更加清晰地认知自身的角色，更加明确自己的工作内容和界限，有利于组织管理工作的改进和优化。

1. 管理者的层次分类

根据管理工作者所处的等级进行分类，通常包括高层管理者、中层管理者以及基层管理者。

第一，高层管理者在公司扮演着决策者和领导者的角色，在具备相应权利的同时还承担着重大责任，具体职责是为公司的发展制订总战略和总目标，明确公司的发展方向和市场趋势，同时评价各部门的绩效水平，对外以“官方”身份出现进行交流和谈判。比如，公司中的董事会主席、首席执行官、总裁以及总经理等都是高层管理者，高校中的校长、副校长以及其他高层职员也都是高层管理者。

第二，中层管理者指处于中间层次的管理工作者，其职责是有效地落实高层管理者所制订的决策，遵从上级命令的同时还要准确地传达命令，具有衔接作用，监督和协调基层管理者的工作情况。中层管理者的头衔有区域经理、科室主管以及产品事业部经理等。相比于高层管理者，中层管理者的工作内容倾向于日常事务管理。

第三，基层管理者也可以称为一线管理工作者，实际上是组织中最底层的管理者，基层管理者所负责的对象主要是作业人员。具体职责是为作业人员安排任务，确保各项任务顺利完成。在制造领域内，基层管理者还可以称为领班、工长或工段长。

在组织内部中，无论管理者所处的层次如何，其工作内容和性质都是相同的，基本上涉及计划、组织、领导以及控制等方面。不同层次管理者之间的差别主要体现在管理职能履行的程度以及工作内容的重要程度。

2. 管理人员的领域分类

根据管理人员所从事工作的领域范围和专业特征进行分类，管理人员主要包括综合管理人员和专业管理人员。

第一，综合管理人员，即负责管理公司所有活动的管理者。相对小型的公司内部也许仅仅只有一个综合管理者，即总经理，负责管理公司的全部活动，比如生产、营销、人事以及财务等活动。相反，相对大型的企业内部中包括很多不同的部门，这些部门根据产品的类别进行划分，或者是按照区域设立不同的分公司，而此组织的综合管理人员不仅仅有总经理，还有区域经理和部门经理，而部门经理负责管辖整个部门的生产、营销、人事以及财务等所有活动。

第二，专业管理人员，即专门负责管理公司中某类活动的管理者。按照管理工作者的专业领域性质分类，主要包括生产部门管理者、营销部门管理者、人事部门管理者、财务部门管理者和研究开发部门管理者等。每个部门的管理者都有属于自己的头衔，比如生产经理、营销经理、人事经理、财务经理和研究开发经理等。从现代社会发展的角度分析，无论是组织数量还是其规模，都呈现出持续增长趋势，因而对专业管理工作者的需求也逐渐增多，管理工作者在组织中的地位也随之提高。

（二）管理者的技能

一般情况下，管理工作者需要具备三大技能，分别是技术技能、人际技能和概念技能。

1. 管理者的技术技能

技术技能指管理者在完成组织任务的过程中学会应用专业技术，以及能够运用所学的理论知识解决问题。工程师、会计师以及推销员之所以称为专业技术工作者，其原因就是这些工作人员具备行业相关的技术技能。管理者尽管不需要精通某行业的所有技能，但是应该具备一定的技术技能，并掌握相关的基础知识，这样不仅为之后与组织内的专业技术工作者交流和互动奠定基础，还有利于自身的指导工作，即指导所负责的各项管理工作。

2. 管理者的人际技能

人际技能主要是指处理人事关系的技能，也可以认为是与组织内外工作人员交际的能力。在公司的运营和管理系统内，面对不同级别和部门的工作人员，管理者应该处理好与上层领导、同级工作人员以及下属的人际关系，也就是说，管理者既能够辅助和说服上级领导，与其他同级工作人员保持良好的合作关系，还能够调动下属的工作动力，激发下属的创新能力和潜在能力。除此之外，管理者还需要时刻掌握其他工作人员的思维方式、思想观点、最新动态、个性特征、工作态度、动机需求以及心理变化等情况，通过一系列行之有效的技能和方法评价工作人员的行为表现，并尽可能地激发他们的积极性和创造性。

3. 管理者的概念技能

概念技能指管理者可以在明确企业与环境之间关系的前提下，经过分析、判断以及总结过程之后，快速地做出准确的抉择。无论管理者所处的层次如何，都会面临非常复杂且混乱的环境，因此，管理者需要全方位把握组织的流程和体系，同时明确不同因素之间的关系，比如，组织内部和外部环境之间的关系是如何形成的，组织内部各部门之间如何相互作用且协调发展等。此外，经过一系列认知活动之后，管理者基于问题的实质做出正确的决策。

管理者能够从宏观角度分析组织发展情况，即将组织看成一个整体，还能够准确预测某个决策的实施效果，以及判断此决策对其他领域所造成的影响。此外，管理者应还具备提出新思路和新观点的能力。

以上三种技能是管理者都应该具备的，对于层次不同的管理者，其三项技能的要求程度也会有所差异。管理工作者的层次越高，其责任和压力也越大，需要根据组织整体情况制订决策，还要保证决策影响范围广泛以及影响时间长久。因此，作为高层管理工作者，应该尽可能地掌握更多概念技能，将全局意识、系统思想以及创新精神融入决策中。除此之外，由于管理者主要工作内容是安排和监督下属人员的工作任务，并制订组织计划等，因而他们不需要掌握作业活动的各种技术技能。但是，需要强调的是，管理者应该基本了解这些技术技能。换言之，做不到有效应用技术，但需要做到充分了解。

作为基层管理人员，他们有责任检查工作人员的工作，及时解答并同工作人员一起解决实际工作中出现的各种具体问题。因此，他们必须全面而系统地掌握与本单位工作内容相关的各种技术技能。当然，基层管理人员也可能面临一些例外的、复杂的问题，也要协调好所管辖工作人员的工作，制订本部门的整体计划。为了做好这些工作，他们也需要掌握一定的概念技能。人际技能是组织各层管理者都应具备的技能，因为不管是哪一层次的管理者，都必须在与上下左右进行有效沟通的基础上，相互合作共同完成组织目标。因此，人际技能对高层、中层和基层管理者是同等重要的。

第二节 管理控制与决策

一、管理控制

管理控制是在实际工作中，为达到某一预期的目的，对所需的各种资源进行正确而有效地组织、计划、协调，并相应建立起一系列正常的工作秩序和管理制度的活动。它是管理功能的组成部分，同时表现为一个连续的过程。在这个过程中，管理人员应采取各种有效措施，以提高经济效益，实现经济发展目标。管理控制是包括人力控制、物力控制、财力控制等子系统的管理控制系统。其主要内容有：建立多层次的目标系统，在各单位、各部门间进行资源的优化配置，通过下达目标要求和组织检查目标的落实情况，分析问题、查明原因，并找出方法予以解决；建设精干、高效的管理机构，采用较为有效的管理方法。

（一）事前、事中和事后控制

（1）事前控制。所谓事前控制，指组织在一项活动正式开始之前所进行的管理上的努力。它主要是对活动最终产出的确定和对资源投入的控制，其重点是防止组织所使用的资源在质和量上产生偏差。

（2）事中控制。在某项活动过程中进行的控制，管理者在现场对正在进行的活动始终给予指导和监督，以保证活动按规定的政策、程序和方法进行。

（3）事后控制。它发生在行动或任务结束之后。这是历史最悠久的控制类型，传统的控制方法都属于此类。

（二）预防性控制与纠正性控制

（1）预防性控制。它是为了避免产生错误和尽量减少今后的更正性活动，防止资金、时间和其他资源的浪费。

（2）纠正性控制。它常常是由于管理者没有预见到问题，当出现偏差时采取措施，使行为或活动返回到事先确定的或所希望的水平。

（三）反馈控制与前馈控制

（1）反馈控制。它指从组织活动进行过程中的信息反馈中发现偏差，通过分析原因，采取相应的措施纠正偏差。

（2）前馈控制。又称指导将来的控制，即通过对情况的观察、规律的掌握、信息的分析、趋势的预测，预计未来可能发生的问题，在其未发生前即采取措施加以防止。

管理控制的特点如下所述。

第一，管理控制具有整体性：所有管理人员、组织的各个方面（人员士气与作风、工作程序、产品质量、资金成本、物料消耗、工作或学习业绩等）。

第二，管理控制具有动态性。

第三，管理控制是对人的控制并由人来执行。

第四，管理控制是提高员工管理能力、业务能力、自我控制能力等的重要手段。

第五，具有目的性，即为了调整实施的偏差，提高计划的完成质量。

二、管理决策

管理决策是指组织中的中层管理者为了保证总体战略目标的实现而做出的、旨在解决组织局部重要问题的决策。管理决策旨在提高企业的管理效能，以实现企业内部各环节生产技术经济活动的高度协调及资源的合理配置与利用，如设备更新改造决策，中层干部任免，组织机构调整等决策，也称中层决策。

（1）“L”决策。“L”决策，是领导者对该项事情的决策，完全依据自身对该事情的了解与信息，凭其经验与知识做决策，完全不与相关部属讨论或征询意见。自信满满的领导者，或认为部属没有能力，或不习惯部属的参与决策，都喜欢使用这种决策模式。这种 L 型的决策模式，完全没有员工的参与，更没有透过决策模式与员工讨论来提升员工的能力。

（2）“LI”决策模式。LI 型决策模式，是领导者面对一项决策时，会选择性的询问员工一些问题的看法，但并不会让员工知道询问的目的何在，之后自身根据这些得来的信息就做决策了。由参与式管理的角度来看，LI 决策模式也只有 10% 的参与度，主要还是领导者依据自身的知识与情报来做决策。

（3）“LC”决策模式。LC 型决策模式是领导者单独的分别找几位部属，征询他们对决策的意见，领导者会先说明决策的目的与困难，并与这些部属相互讨论什么是最佳的方案。LC 型的决策模式虽然也只是与少数几位部属分开讨论，但是因为领导者会提出困难与决策目的说明，这样的参与程度大概有 50%，算是比较民主参与式的领导，对员工的训练与培育也可以起到一些作用。

（4）“LCT”决策模式。LCT 模式，是领导者在需要做决策的时候，会先召集相关的主管一起开会，先向主管们说明决策的目的与困难，并请每一位主管提出各自的看法与决策建议，在会议中，领导者只扮演鼓励发言、引导讨论的角色，让不同的意见激荡出更好的意见，最后领导者综合大家的意见后，加上自身深入的思考，才做出决策，并向相关提供意见的主管说明最终的决定与原因。

（5）“T”决策模式。T 模式是一种全员参与的模式，领导者将决策的形成完全交给团队，并全力的支持团队最后的决定。T 模式由于是全员共同决策，可能会花比较多的时间，会缺乏效率，但是这种模式最能被大家接受，并愿意全力支持，效力最高。当然这种决策模式也存在决策错误的风险，因为决策结果是由团队决定的，如果团队对公司向心力与认同度不够，员工容易只考虑自身的立场，而不管公司的立场与公司的利益，尤其是当这项决策涉及员工的切身利益时，更容易出现偏差的决策。T 模式是最民主的决策模式，是员工参与度最高的模式，但这种模式如同 L 模式，也是一种极端，很容易被部分忽略自身管理责任的领导者以授权之名义，完全放任员工做决策。

第三节　知识经济、法治建设与管理创新

一、知识经济

（一）知识经济的源起

1. 知识经济的现象

随着 20 世纪 70 年代以来世界经济的发展，互联网信息技术逐渐被应用到经济革命领域，如信息化产业的发展等，这也在一定程度上导致全球经济发展的方式产生了较大变化。经济发展方式变化以来，知识经济作为新兴产业发展形式，其主要体现在以下两个方面：其一是将知识文化注入到传统产业中；其二是直接发展以知识文化为根基的新型产业，尤其体现在计算机、电子和航空等高技术产业和知识密集型服务业中。

以微软公司为代表的计算机软件业的发展，计算机网络的产生及其在生产和生活中的广泛应用，构成了我们这个社会的新特点，这使经济的增长比以往任何时候都更加依赖于知识的生产、扩散和应用。知识作为蕴藏在人力资源和技术中的重要成分其作用日益明显。为了适应经济转轨的要求，许多著名企业和公司，如“可口可乐”“通用电气”“孟山都”等都已经开始设立“知识主管”“学习主管”“智力资本主管”“智力资产主管”等新形式高级经理；专司知识经济工作，以期在新构经济形态竞争中抢占市场制高点。这些趋势显示一个区别于农业经济、工业经济的新的经济形态正在兴起，即一个“以知识为基础的经济”（简称“知识经济”）的时代已经来临。

2. 经济发展是知识积累的过程

经济发展是一个资本积累过程，但更是一个知识积累过程。历史上以往发生的经济社会变革，都是由于知识的创造才发生的。18 世纪末，蒸汽机的发明把世界带入了工业的新时代；1945 年以后，无线电和电子信息业革命把人类带入了信息时代；20 世纪 80 年代以后，数字技术的突破又把人类带入了一个新的经济时代。

目前，发达国家由于信息技术、通信技术的革命降低了人们获取知识的成本，增加了人们获取知识的机会，知识应用于制造业和服务业的速度加快。同时，人们也追求着平等的价值观念、科学的头脑和对变革的态度，愿意有效地利用知识改变传统的生产和交换方式，在组织内部，管理者从过去注重交易过程、后勤统筹和工作为主的核心管理，转到支持员工沟通交流，促进人际网络形成，在工作中互相学习等知识管理上来。正是这一切使发达国家的经济增长方式发生了根本变革，使知识经济成为可能。

（二）知识经济的含义

知识经济是一种以文化信息的交流以及传播为主要产业内容的新型经济发展模式。据有关调查可知，知识经济与以往的工农业经济之间的发展模式不同，并且二者之间存在一个相对关系，知识经济不同于工农业经济依托劳动力发展，而是一种极富生命力的新型文化产业。以上主要强调知识文化在经济发展中的重要性，但如果要对知识经济有更加深入的研究，就必须做到以下三个方面。

（1）合理配置知识经济发展中的资源。知识经济的发展资源主要以知识理念的形式呈现，其一般处于无形状态。同时，知识理念也被称作智力资源，其是知识经济发展的重要因素之一。与传统的经济发展模式不同，知识经济对资金、技术、劳动力发展要素的依赖性降低，社会资源的重要性也随之下调。

（2）知识经济的发展要素。发展知识经济主要依托于信息技术相关产业的发展，而信息技术产业发展的重要要素就是互联网时代下的高科技。据联合国的相关文件可知，目前的高科技主要分为以下几个类别：信息科学技术、生命科学技术、新能源与可再生能源科学技术、新材料科学技术、空间科学技术、海洋科学技术等，而以上这些类别共同建构知识经济的相关体系。科学界普遍认为，生物技术和信息技术将成为 21 世纪关系国家命运的管控技术。

（3）知识经济的消费力度。知识经济的消费在目前民众的生活中随处可见，而知识消费就是指知识文化的使用，即通过高科技的相关技术推动文化知识的消费水平不断提高，从而产生新的知识，该成果受到国家知识产权相关法律保护。知识经济加大对治理资源的开发力度，从而提高民众知识消费的水平，反向推动知识经济的大力发展，为社会创造更多更丰富的文化知识和社会财富。

二、法治建设

为实现知识经济的稳健发展，就必须建立起与之相关的法治体系，从而为知识经济的发展提供一个干净安全的环境，推动知识经济实现可持续发展。

（1）建构社会主义民主法治的相关体系。该举措意在扩大民众参与国家政治的范围，从而增强国家与民众之间的联系。为保证民众可以有序地体验政治生活，就必须加强相关的制度保障以及政策落实。因此，各区县在落实人大常委的各项决策的同时，还需要加强基层管理，通过推行相关制度，以此确保民众可以更好地行使自身权利，明确自己的义务。同时还需要加强民族协商形式上的创新，实现政府办公透明化，鼓励民众积极参与到政治管理中。

（2）集聚社会各方的力量。在法制建设的过程中，需要通过开展试点活动，通过对关键地区的发展情况进行调研，从而掌握好其发展规律，并且对该规律加以利用，最终为法治建设争取到范围较广的同盟，在实现大团结的基础上完成法制体系的构建。这就需要做到以下工作：首先，要明确各阶层的主体任务，强化各个主体任务的落实要求与各主体的责任；其次，要加宽经济发展的制度保障，为民营经济的发展提供一个相对宽松的环境；最后，要发动基层组织，联合各方力量实现全心全意地为人民服务。

（3）创新社会管理的方式与手段。目前，随着我国经济发展结构化的转型升级，经济发展的格局亟需调整，同时也要切实落实经济发展观念的转变工作，从而以积极的态度应对新时代的经济发展的挑战。除去推动经济发展以外，各省市面临的巨大挑战之一是社会治理方式的革新。这一挑战，既要求各省市加大创新的力度，提高城市生活的科技化水平，还要求不断提高基层服务水平，打造自上而下的社会服务体系。

三、管理创新

（一）管理观念创新

1. 观念创新的重要性

（1）知识经济的发展中，相关产业之间的竞争实质上是高科技之间的较量，也是一种创新理念的比较，如果不推进创新，那么企业的发展终将失去活力。在信息与交通高度发达的知识经济社会中，带动知识经济发展的重要因素被叫作“智力资源”，并且该资源在一定程度上也是促使企业维持生产与运转的重要条件之一。

在知识经济兴起并大肆发展的时代背景下，对于知识以及智力的开发逐渐成为社会发展的一种潮流。知识型资本也可以被看作一种智力资本，而该资本与传统经济发展资本不同。智力资本主要着重于脑力劳动以及脑力作用，智力资源在一定程度上决定着未来经济发展的走向以及相关企业在未来经济发展中的竞争优势。智力资本的积累不同于资金与人力资本的积累，不需要侵占与吞并，智力资本更像是利用一种手段，统筹资金以及技术等资本，从而实现资金、技术等资本的合理配置，这也是知识经济时代开创性的发展手段。

（2）知识社会的特点是信息化、网络化，实现知识经济的迅速发展还需要一定的时间，随着时间的推进，知识经济会慢慢趋向于企业发展的最优模式，此时，企业创新力度的大小在一定意义上决定着企业在市场中所占份额的大小。

信息化时代的来临对经济有着一定的促进作用。同时，网络信息技术在其发展中逐步渗透到产品的制造、加工以及交易等企业发展的各个环节，这样一来，既加快了生产速度，也提高了企业各个生产环节的工作效率。利用新兴的信息技术手段能极大地改善企业的生产、销售等活动。企业在信息及网络方面的调整应用会改变企业的命运。

（3）知识经济的发展离不开企业生产技术、市场竞争以及管理等方面的统筹工作以及创新，必须要以知识经济中的观念创新为企业发展的向导。知识经济发展的社会中，相关企业之间的竞争逐渐上升到产品知识含量高低的竞争，这就需要企业在注重技术与管理创新的同时，还要聚焦智力资源的开发。

2. 观念创新的艰难性

（1）观念创新要首先打败自身。企业管理层面的观念创新在很大程度上决定着企业生产相关理念的更新，如果企业一直停滞在之前的发展思维层面，生产与市场就会脱节，最终被市场抛弃。企业放弃旧有的观念去创造一个新的发展理念是一个很艰难的过程，对管理者的要求十分严格。

（2）观念创新需要打破旧有的经济格局。观念的创新与经济利益的结构之间是一种相互牵动关系，而观念的创新就意味着改变旧有的经济利益结构。当企业经营管理观念开始创新时，企业现有的经济利益格局就会随之发生一定变化，否则就会发展失衡，导致企业观念与实际经营不配套，企业发展反而更容易滞后。

（3）在观念创新之前，企业需要做好充分的相关准备。观念创新是一个继承发展的过程，这就需要企业整合已有的理论资源，为观念创新做好一定的铺垫。

目前，“组织的学习”与“学习的组织”之间的概念差别引起了民众热议。而在市场经济的发展中，既要追求通过学习掌握一定技术，也要注重学习新观念，并以此为基础来革新旧有的不合理的观念体系。

（4）观念创新并不是一蹴而就的过程，它也会面临一些挑战，遇到一些风险。观念的创新往往是与整个社会的旧思想做斗争，而这些观念往往已经存在了很久，根深蒂固难以清除，所以观念的创新极为不易。

（二）管理观念的创新内容

1. 知识价值的观念创新

知识价值一直以来都是人们讨论的热点话题。如今，随着互联网技术的不断发展，知识价值就逐渐凸显出来。据相关研究表明，经济发展中，知识逐渐成为经济发展的重要因素，并且短时间内，其对经济的影响力将超过 18 世纪末工业革命初期机器对经济的影响。

在知识经济不断发展的时代里，社会财富的创造并不完全是技术和机器的任务，智力资源也在财富创造中崭露头角。将智力资源与相关生产技术相结合，从而更有效、更直接地发展知识经济，实现智力资源的利用最大化。

2. 人力资本的观念创新

20 世纪 60 年代，企业发展提出了人本管理这一概念，到 20 世纪 80 年代就已经在各大企业的发展中得到普遍运用。而如今的知识经济发展中，以往的人本管理模式无法与经济发展趋势保持一致，因此更需要企业加强人才的开发与管理。企业人力资源是一个企业全体职工所具备的现实和潜在的生产能力。人力资源是将劳动力作为经济发展的重要因素，注重劳动力的技能与管理，以人为本，尤其注重人潜在潜能的开发与提炼。人才开发管理除具有人力资源开发的特征外，更加注重人的智慧、技艺和能力的提高与人的全面发展，尤其是人的智力资源的开发。这也就表明，企业在未来的发展中，既以先进的设备为基础，又以人才资源为倚仗。

3. 竞争观念的创新

知识经济是在全球化的时代背景下经济发展模式的革新，其发展顺应了全球化的发展趋势，具备世界性经济发展的特点，这就使得知识经济具备了国际意识，这也是每个企业发展需要注意的部分。当前企业发展除了要发展自身以外，还要不断地关注国际市场的变化，以便及时做出生产规划的相关调整。企业如果想要实现国际化的发展，就必须确保其对国家经济发展的趋势有着足够了解。国际化的企业发展需要改变单一的贸易发展方式，从而推进企业自身产业升级转型，实现进一步的发展。

4. 可持续发展的观念创新

企业的可持续性发展是当前企业发展的内在要求，而当企业各个阶段性的发展实现可持续性发展时，就必须整合内部发展因素，使得这些因素也具备循环性、可持续性。因此，实现企业的可持续性发展就必须注意以下几个方面。

（1）发展市场替代型的产业，打造一流的技术团队。

（2）建立健全的人才开发体系，加强人才内部智力资源的利用。

（3）打造掌控企业运作以及资源配置的后继型管理队伍。

（4）构建多元型企业文化体系，包括管理机制、价值观念、文化传统等。

5. 管理企业文化与企业形象的观念创新

20 世纪 80 年代以来，企业发展开始注重企业核心文化以及企业形象的建设，并且从中衍生出一种新型理念，即企业产品品牌的文化内涵。而丰富该内涵，发展企业文化还需要注意以下两个方面的问题。

（1）培养企业内部价值观。企业文化的核心组成部分是企业内部的价值观，即企业精神。企业精神在一定程度上可以为工作人员开展相关工作提供精神指导，从而促使员工更好地完成工作。企业价值观必须要为所有员工所接受，同时还要形成体系化、系统化的理念与基本原则，这对构建企业文化体系、丰富企业文化内涵有着事半功倍的作用。

（2）突出企业个性化的发展。面对着愈发激烈的市场竞争，企业必须要具备自身的特色，否则难以在市场竞争中占有一席之地。因此，为了更好地促进企业适应未来市场的发展趋势，企业必然要突出发展自身个性化的产业，形成自身独有的特色，从而在竞争中脱颖而出。

第四节　新常态下经济发展态势及结构

在新常态下，我国的经济发展展现出的活力和结构动向，对区域经济协调性、平衡性和国民经济的稳定性、持续性发展有重要的促进意义。随着经济全球化的发展，我国的经济形势发生了极大的变化，各企业及组织机构也在通过积极地调整产业结构、组织结构等方式应对经济形势的变化，努力适应市场变化，寻求新的发展之路。在这个过程中，国内的经济发生了一些明显的变化，这种变化被称为“新常态”。在 2013 年的中央经济工作会议上，习近平总书记首次提出“新常态”，自此，“新常态”一词就成为中国各类经济会议中频繁出现的词语，也成为时下讨论最激烈的话题。新常态在中国经济发展变化中较为明显，它的出现给中国经济的发展带来了新机遇，同时也让中国经济面临着新的挑战。研究新常态下中国经济发展态势和结构动向对于时下我国深化改革、谋求发展有促进意义，对于企业确定发展方向，制订可持续发展战略和提升市场竞争力有着指导意义。

一、新常态下中国经济的发展态势

新常态下，中国经济的主要特征为：①国民经济从高速增长转变为较为匀速的中高速增长，增速适宜，更有利于经济可持续发展；②产业结构优化，第三产业获得了较好的发展，在向消费者主导的形式逐渐转变，在这个过程中城乡经济发展差距缩小，居民收入普遍提升，经济成果体现了惠民性；③创新驱动下社会经济展现了多样化的特点，为社会提供了更多优质的就业岗位，人均收入有所提高，社会更加和谐稳定。在新常态的背景下，中国的经济发展态势也发生了变化[1]。

（1）中国经济在世界经济中位居前列。改革开放 40 年来，中国经济进入快速发展阶段。在经济高速增长阶段，中国经济的净值为 10%。进入到新常态后，中国的经济进入中高速增长，经济净值为 7%，进入世界经济前列。中国经济位列世界经济前列的态势为产业结构转型、社会和谐稳定发展奠定了基础[2]。

（2）中国经济增速稳定、风险降低。进入新常态后，中国经济仍面临着严峻的形势和复杂的国际环境，在这种环境下也表现出相对低迷的状态，但就国际经济环境而言，中国经济正处于结构转型的关键期，新型工业、信息化、现代化、城镇化水平加快，经济增速相对稳定，在世界经济中表现相对良好，而市场开放的政策也为中国经济的发展带来了新的机遇与挑战。相对于新常态之前高度发展阶段，现阶段中国经济发展的风险有所降低。

（3）中国经济产业结构多元化。习近平总书记指出，当前我国正面

[1]刘金全，冯坚福 . 中国经济新常态的宏观表象和微观基础 [J]. 社会科学文摘，2016（09）：56-57.

[2]于拥军 . 新常态下中国经济发展态势及结构动向研究 [J]. 现代营销（下旬刊），2020（01）：6-7.

临着产业结构转型的阵痛期，在这一时期产业、组织、制度等都面临着迫切的转型需求。虽然结构转型之路相对艰难，但新常态下中国经济结构优化升级的速度明显加快，产业结构趋向于多元化发展。在产业结构变化中，第三产业增长速度最快，其中服务行业的比重超过46%，成为新常态产业结构中的新秀。

（4）中国经济市场活跃度提高。新常态下，中国政府加强了简政放权，并通过一些市场开放性政策刺激市场活力，如对外开放政策等。通过宏观调控和权利的下放，市场企业增量化、规模扩大化。仅2018年第三季度全国新增企业就达920万，数量较上年增长60%。这说明新常态下市场活跃度明显提高。

二、新常态下中国经济结构动向

（1）结构与动向的主要驱动力。新常态下，中国经济的结构得到优化，通过产业结构升级逐渐地向绿色环保的方向发展。在结构优化方面，政府提出坚持以创新为主要驱动力，坚持低碳、绿色、环保、循环、可持续为导向的产业转型方向，进行技术创新、管理创新，打造社会主义市场经济下中国经济的升级版。新常态下，科技创新是第一生产力，而管理创新成为优化科技创新、提升生产力效率的推动力。习近平总书记在一次中国经济会议讲话中提出，当前“唯改革创新者胜”，这说明新常态下中国经济结构动向要以坚持创新为动力，大力发展科技创新、管理创新、制度创新，通过“三创”引领中国经济的发展潮流，全面提升中国经济在世界经济中的竞争优势，实现中国经济的稳健发展[1]。

（2）结构动向。新常态下，中国的经济结构动向包括产业结构、企业组织结构、技术结构的优化升级和改造。在结构升级改造方面，要关注环境污染与生态环境保护，重视可持续发展，建议以“五大发展”理念为基础，在产业升级中融入创新、协调、绿色、开放、共享五大理念。结构升级的主要目的是提高资源优化配置、减少资源及浪费、减少环境污染。中国经济要关注人与环境的和谐发展，才能获得更加健康、长远的发展，这是新常态下产业与传统产业的明显区别。新常态下的产业将不再以环境污染和资源能源为依托，而是以科技创新和信息化管理为依托，结构的全局性发展思路较为清晰。

（3）创新动向。中国经济的创新动向包括科技创新、管理创新、动力创新，要将创新理念融入中国经济的每个环节，应用创新思维解放生产

[1] 胡涛. 新常态下中国经济发展态势和结构动向研究 [J]. 中外企业家，2018（07）：49.

力、开拓新思路。在经济发展中三创思维要相互融合，通过创新的推动来提高产业净值，促进中国经济更加稳定的增速。

三、新常态下中国国民经济的发展趋势

（1）经济高端化。新常态下中国经济高端化主要体现在产业的科技含量提高。以制造业为例，传统制造业通过扩大生产规模、提高生产效率、降低成本等手段来提高经济效益，制造企业忽视了产品的开发，产品结构单一、产品技术含量低。新常态下，政府鼓励制造企业积极创新产业结构，加大产品开发的投资，通过产品创新来提高经济效益。在这种背景下，制造产品的科技含量提高，经济发展展现出高端化特征。

（2）消费网络化。新常态下，信息技术的发展为经济的发展提供了良好的发展条件。随着国民经济水平的提升，国民的消费力有所提高，线上购物平台的开发促进了网络消费。目前，中国电子商务获得了空前的发展，这一变化促使消费网络化的发展。例如，天猫、淘宝、拼多多等线上平台，它们的发展还带动了物流业、交通业的发展。越来越多的消费者选择网上购物，这也是新常态下中国经济发展的主要态势之一[1]。

（3）第三产业扩大化。新常态下，中国的第三产业得到了迅猛的发展。近些年，以消费者为主导的第三产业展现出蓬勃的生机，各行各业都提供了更多的服务岗位，专为消费者提供服务。第三产业表现出明显的扩大化特征。服务岗位在产业结构中既对接消费者，又对接企业。通过为消费者提供服务来了解市场需求，从而不断地调整产业结构及其服务类型，以争取消费者的满意。中国经济中引入服务理念后，对结构的调整和优化起到了重要的促进作用。特别是在绿色经济理念引入经济结构中后，第三产业与消费者的需求更加地贴近，不断推动服务业的发展。中国经济的这一发展态势将成为中国经济可持续发展的无限动能，刺激其他行业结构向绿色、环保方向发展。

四、新常态下发展中国国民经济的对策

（1）继续深化经济结构改革。新常态下，中国的经济虽然出现了更多的发展机遇，但同样不可忽视严峻的市场考验。在国际市场环境下，中国经济的发展受汇率、他国政策、国际经济政策环境等影响，仍旧危险重重。在这种背景下，中国经济想要获得更加稳定、长远的发展，就必须正视各

[1]陈明星，陆大道，龚颖华.经济地理学视角下中国经济新常态的格局与类型划分[J].地理科学，2016（07）：965-972.

行业严峻的市场压力，继续坚持深化经济结构改革。政府要将经济改革的重点放在城乡结构改革和城乡一体化发展中去，通过农业产业结构优化来促进乡村经济发展，努力协调区域结构，解决区域经济发展不平衡的问题。当前，城乡经济结构要以第三产业为主，通过政策引导鼓励乡村发展农业合作和机体经济，全面提升农民收入水平，提高农村经济，进而促进城镇化的发展。在制造业方面，要应用科技大力发展智能制造业，优化产品质量，提高产品的科技含量，驱动制造业竞争走向国际化。

（2）重点关注民生经济发展。新常态下，社会和谐发展、提高人民幸福感是我国经济建设的根本目标。现阶段是我国建设社会主义强国和全面建成小康社会的关键时期。在这一时期，关注民生、改善民生、为民服务、提高人民的生活水平是提高人民幸福感的重要途径。为了实现这一目标，我国要尽快地完善农村地权制度，加快卫生医疗体制、教育体制、养老服务体制的改革，为人民提供更好的医疗养老保险服务，切实保护人民的利益，才能从根本上促进社会和谐，降低经济发展的风险，更加稳定地发展中国经济。

（3）转变宏观调控政策思路。新常态下，中国政府为了促进中国经济平稳发展，应对市场风险和世界经济冲击，在政策上实施“简政放权”。我国政府转变了市场宏观调控的政策，将更大的资源分配权交给了市场，这为市场竞争提供了空间，无形中刺激了市场的活跃度。在政府简政放权政策的引导下，中国经济市场努力应对市场变化，积极调整结构，在科技创新、管理创新、制度创新的驱动下实现了初步的结构动向转变，同时经济也获得了相对稳健的发展。因此，推动经济结构升级，政府要将简政放权的重点放在开放市场、开放资源和开放技术上，在经济结构中充分引入创新机制，刺激市场活跃发展。

综上所述，新常态是中国经济产业结构转型和实现平稳发展的关键期。在新常态下，我国应该坚持社会主义市场经济不动摇，将经济发展的根本目标放在关注民生和改善民生上，以创新为结构动向，坚持深化改革传统的产业结构及组织，应用创新思维来发展经济，解决国民经济中存在的问题，提升全民创造价值的幸福感。

第三章　区域经济新发展与管理模式解析

基于区域经济发展的理论依据，以区域经济发展空间新格局为主体的国家区域发展总体战略新局面，要在重塑经济地理进程中，充分发挥不同域际比较优势，深化区域合作，促进生产要素合理流动，形成多层次主体发展新空间。本章围绕区域经济发展格局、空间结构与创新以及区域经济管理的实践模式与相关法律发展进行论述。

第一节　区域经济发展格局、空间结构与创新

一、区域经济发展 70 年回顾及未来展望

（一）区域经济发展的逻辑及战略形成

中国区域经济根植于中国经济的整体发展，是中国经济发展的空间表现和有效支撑，因此，研究中国区域经济不可能脱离中国经济发展的微观与宏观实践。70 年期间，中国经济发展存在着以下四个重要特点。

（1）中国经济发展始终坚持党的领导，形成以政府为主导的经济发展模式。

（2）中国政府始终把满足人民群众日益增长的物质文化需要作为重要任务。

（3）中国政府始终围绕着国内外环境变化对经济政策及管理进行必要的调整。

（4）经济发展始终围绕着政府与市场的关系进行动态调整。区域经济正是在中国经济的大逻辑框架下动态演化的结果。

对 70 年中国区域经济发展经验的总结，既是对以往中国智慧的领悟

与提炼，更能对中国今后深化改革开放和区域经济发展形成有益指导[1]。

1. 区域经济发展的逻辑

中国区域经济发展并不是孤立的事件，而是国内外环境、国家战略、制度变迁、区域战略四元因素内外联动、综合作用的结果。其发展逻辑为：中国政府在正确识别国内外环境的动态变化基础上，选择相应的国家战略来指导国家的经济社会建设。随着国家战略的明确，中国政府先后采取计划经济、有计划的商品经济、社会主义市场经济等方法，破解要素配置中的积累性障碍、竞争性障碍、流动性障碍和结构性障碍，形成制度变迁。制度变迁的空间维度又进一步推动中国区域经济发展战略（以下简称区域战略）的落实，进而推动区域经济发展。

国内外环境、国家战略、制度变迁、区域战略四元因素发挥着不同的作用。国内外环境变化直接决定国家与区域战略的制订，是影响区域经济发展的重要动因。国内外环境主要分为市场环境与要素环境两大方面，其中，市场环境又包括政治环境和需求环境，要素环境则涉及人口、资本、技术等。国家战略是引导制度变迁与区域战略的风向标与指引器。当内外部环境变化时，中央通过对内外部环境的识别与判断，选择与之相适应的国家战略，包括明确每一阶段主要矛盾、国家任务、指导思想等未来发展的战略性内容。

中国经济发展 70 年之所以能够取得现有成绩的重要原因是国家战略的准确制订和有效实施，即中央有的放矢地制订各类总体规划、专项规划、年度计划，并辅以财政、货币、产业、价格、土地、就业、投资、消费等政策全方位地服务中国经济发展，这同时为不同阶段中国区域经济政策的制订与实施奠定了基础。制度变迁在为国家战略服务的同时，也约束和指导着区域经济的发展与战略实施。制度变迁主要表现为一系列制度改革与制度创新，其主线是在计划经济体系中逐步引入市场机制。制度变迁有效保证区域战略的实施，为构建区域经济增长方式奠定了坚实的基础。

区域战略是在区域层面为实现国家经济和社会发展目标而提出的区域实施路径。在国家战略指引下，区域战略成为推动中国区域经济发展的支撑点和着力点。

2. 区域经济发展的战略形成

在不同阶段，区域战略的形成存在差异，从总体看，区域战略的内容形成为：以区域经济格局为起点，以资源环境承载力为约束，以地方政府

[1]刘秉镰，边杨，周密，朱俊丰．中国区域经济发展 70 年回顾及未来展望［J］．中国工业经济，2019（09）：24-41.

为实施主体，以政策和管理架构等具体制度建设为途径，以区域要素空间增长、流动和配置过程为重点的框架。

区域经济格局及其与战略目标的差距是决定区域战略的起点性因素和主要内容。依托于国内外环境的变化和国家战略的实施，由于主体、资源、要素、环境等因素的相互作用，会形成不同特点的空间格局。当区域空间格局失衡时，通过区域经济簇群、产业、空间、供需错配等不同层面的失衡影响并制约区域经济发展。资源环境承载力是区域战略的约束性条件。资源环境承载力是一个地区发展的基础。离开资源环境的支持，区域发展无从谈起。

中华人民共和国成立70年以来，随着经济的高速发展，很多区域的资源环境承载力不断下降。这成为制约区域进一步快速发展的重要因素，也成为区域战略制订与实施需要考虑的重要约束性条件。地方政府既是中央政策的主要执行者，又是市场变化与社会反应的直接感知者。地方政府及其所实施的区域经济战略及政策也成为引领区域经济演进过程的关键因素之一。区域政策和机制等是区域战略的保障体系。70年以来每一阶段区域战略都以持续不断的区域具体制度建设为重要配套与保障[1]。

总体来看，区域经济依托于内外部环境变化与国家战略的实施，通过制度变迁重点解决要素的空间配置方式问题，以促进要素在空间层面的增长与流动，从而加快财富的空间生成，保障财富的空间分配，形成了极具中国特色的区域经济发展。

（二）不同阶段的区域战略发展

中华人民共和国成立70年以来，在立国战略、富民战略和强国战略等国家战略下，区域经济呈现不同的空间格局和特点，具体体现为以下五个阶段。

1.1949—1977年的区域战略的发展

在中国共产党与中国人民的艰苦奋斗下，中华人民共和国成立了。中国选择了一条适合国情的道路：社会主义道路。国际形势在当时具有复杂严峻的特点，新生的中国在资本主义国家的重重包围下举步维艰。以美国为首的资本主义大国甚至对我国采取军事上威胁经济上封锁的政策，同时我国由于刚建立政权，实力弱小，内外困境重重。因此，要想有稳定安全的发展环境，必须大力发展重工业。该政策以中国共产党为领导，由底层

[1]张满银．建国70年中国区域规划的回顾与展望［J］．工业技术经济，2019，38（10）：6-13.

民众积极落实，以内地为发展重工业的重心，大区域作领导，以大带小，城乡统筹。

该政策在我国的推行有利有弊。一方面，工业强国的发展战略提高了我国的综合国力，为后期实施改革开放政策奠定了物质基础。另一方面，重工业强国一味注重快速发展重工业，由政府完全主导，时间长了人民难免失去积极性，随着时间的推移，完全以发展重工业为目标的战略弊端也逐步显露。

2.1978—1991 年的区域战略的发展

在这一时期，我国先后与日本、美国等国家建交，综合国力也逐步强盛起来，我国内忧外患的局面渐趋缓和，具备了相对安稳的发展条件。因此，我国政府加快将着重于发展工业的战略转移到增强经济实力，提高人民的生活水平上来。我国开始实施改革开放战略政策。在经济方面，市场不再仅由国家主导，市场机制开始逐步发挥作用，我国一些区域甚至大胆尝试，由市场决定资源的配置。

在实施改革开放政策以来，我国市场活力明显增加，经济进入急速发展时期。但是改革开放政策的实施并不是如想象般简单。在计划经济时期，为了合理分配资源，必须将劳动力固定在一定的空间，同时商品价格由政府所决策，发行粮票、布票等，商品的购买也由政府主导。因此，要想开始实行改革开放政策，必须推翻计划经济时期的政策，而这一过程的落实需要耗费一定的时间和精力。

3.1992—2000 年的区域战略的发展

改革开放制度推行之初，国内有不少反对派，认为改革开放政策偏离了社会主义路线。但是经过改革开放的深入发展，以及 1992 年邓小平的南方谈话，人们逐步增强了信心。在这样一种良好的氛围下，进一步深化改革成为良策。因此，经过国家领导人的郑重考虑，将改革开放策略扩展到企业、税务、金融、政府机构、城镇住房等各个方面。随着政策的完善，我国逐步确立了市场经济宏观管理体制，这在日后经济的发展过程中发挥了重要作用。

改革开放的目标并不仅仅局限于发展市场经济，更要随着时间的推移，打造完整的社会主义市场体系。在打造该体系的过程中，我国区域经济发展迅速，这从侧面反映了我国路线的正确性。

4.2001—2011 年的区域战略的发展

我国推行改革开放的政策在近几年收到了很大成效，经济总量相比建国初期有了很大幅度的提升。国家最初发展经济着重于东部地区，因此东部与西部的经济差距也逐步变得更大，如东部与西部生产总值之比在 1978

—1995 年之间已经由最初的 1.75∶1 扩大到 2.31∶1。长此以往，经济差距必然会阻碍我国经济的整体发展。同时，经济发展不平衡甚至导致了城乡、地区、行业之间的收入差距，对人民生活水平和幸福感的提升多有阻力。所以，加快解决城乡之间、不同职业之间、东西部之间的经济差距问题，实现统筹发展成为我国的重要目标。

为了解决区域间不平衡问题，我国开始实行协调发展战略。这与改革之初实行的效率优先政策有很大区别。不仅要发展具有优势地理条件的地区经济，而且同步发展中西部地区经济。在这一过程中，西部大开发战略以及振兴东北老工业基地战略发挥了作用，为这一政策的实施提供了丰厚的资金基础，为区域协调发展创造了条件。

5.2012 年至今的区域战略的发展

自我国实行改革开放政策以来，每一年都会发生翻天覆地的变化。特别是 2012 年之后，我国国家战略更加注重高质量发展，经济形势产生了极大的变动。

近几年来，国际经济政策也趋于调整，特别是美国等大国将自由贸易政策逐步向贸易保护方向发展。我国追求国际市场带动国内经济发展的战略也应当做出调整。将视野转移到我国国内，随着经济政策的推行，国内生产效率得到了大幅度提升，经济持续高速增长。但是由于市场不够广阔，我国即将面临产能过剩的危机，因此，将经济发展拨回正轨，倡导求实稳定的发展成为我国现阶段亟待解决的问题。

先进政党执政的优点便是随时根据时势变动调整自身政策。随着时代的发展，我国传统经济政策已经不能很好地适用于我国国情。在党的领导下，我国对经济体系进行改造，经过 2013 年的三期叠加，到 2014 年的新常态，再到 2015 年的供给侧结构性改革，我国逐步形成了追求高质量经济的经济体系。在国际经济复苏变缓，经济活力下降，内部经济体系亟待改革的时期，国家采取了正确的战略决策。这一阶段，国家一方面强调经济的高质量发展，避免经济由“实”向“虚”转变，另一方面采取恰当措施减少地区间的经济差距，深化协同发展，这些政策为我国变得更强更富提供了保障。

（三）区域经济发展的愿景

经过 70 年发展，中国区域经济有以下特点。

第一，区域经济计划根据国家经济发展战略进行调整或制订。

第二，区域经济发展主要包含区域要素流动和空间格局调整。

第三，中国经济不仅处于新的发展时期，而且要时刻面对外部环境的变化，这就要求中国经济树立以寻找新能源和加快经济转型以及跨越中等收入陷阱为目标。

以上情况不仅影响着区域经济的增长速度，而且影响着区域经济的发展方向和形成方式，同时，也将区域经济的新特征和新趋势展现出来。因而，在这种多重背景下的中国区域经济必将面对机遇与挑战并存的局面。

1. 区域战略的国家地位由从属型向主动型转变

经济发展都是从单一地区开始，是地区性的一种表现，比如我国沿海地区，在改革开放政策的推动下，经济得以迅速发展，沿海地区带动整个国家的经济发展。尤其从 20 世纪 90 年代开始，国家推行分税制和地方政府绩效考核，进一步提升了区域战略的作用和地位。但是，上述区域经济发展从属于国家经济战略而展开，并不是完全的市场经济，只能算是由计划经济向市场经济过渡的一个阶段。

由于内外部环境的变化，原有的区域发展模式难以适应瞬息多变的市场情况和信息变化，此时，创新就显得尤为重要，除了要利用好原有的改革红利、人口红利等有效资源，还要从自身优势或实际情况出发进行创新。改变以往从属型的战略方式，转而成为互动型和主动型的区域发展战略。在这种特定的环境下，既要面对复杂的国际关系，又要适应国内的改革任务，区域战略的特点也将随之而变化。

首先，区域战略将增加主动试验和试点，并根据试验和试点结果，有可能对区域战略进行主动调整。

其次，创新在区域战略中显得尤为重要，传统的战略方式已经很难适应内外部环境的变化，只有不断探索和创新，才能更好地促进区域战略的持续发展。

最后，提高区域战略的弹性、动态以及空间调整，目前不仅有三大战略和四大板块，而且还增加了粤港澳大湾区、海南自贸港、深圳中国特色社会主义示范区等着力点。

2. 区域经济由高速度增长转向高质量发展

以往区域经济的发展主要依赖于经济开发区、招商引资等扩大 GDP 的方式来增加区域财富的积累。但随着经济发展速度的下降，其传统的低成本、高产出模式的问题也随之显现，并且阻碍了区域经济的可持续发展。因此，改变传统模式，合理配置产能，避免过度开发和资源浪费，以创新和可持续发展的理念为指导，在发展经济的同时保护自然环境和人文环境，将区域经济由粗放的高速增长转向为高质量增长。

区域经济从粗放式发展转向高质量发展，重点需要从以下三个方面调整。

（1）高质量发展的具体目标，在扩大经济规模的同时，也要保证经济质量提升和稳定可持续发展，不能以破坏生态环境为代价，而要使人与自然和谐共处。在解决人民群众温饱问题的同时，更要提升人民群众生活的幸福感。

（2）高质量发展的作用对象，发挥创新精神，根据不同地区探索不同的发展模式，而不是一味地照搬照抄，原样复制，如沿海地方侧重于经济提升，西部地区则侧重脱贫攻坚，针对不同的区域，以独特的方式，在发展经济的同时，提高人民群众的收入水平和生活水平并全面推进当地的医疗、教育体系改革。

（3）高质量发展的方式方法，不仅要完善基础设施建设，更要加强环境保护，促进信息的及时传达，以创新的方式推进公共服务体系和信息化建设。

3. 区域协调发展由经济差距的缩小转向人的全面均衡发展

改革开放以来，我国区域经济得到了迅速发展并积累了一定的财富，主要得益于当时以效率优先的富民战略，但同时也不利于我国经济的均衡、协调和可持续发展。为了缓解这一局面，1999 年西部大开发战略以及后续的中部崛起和振兴东北老工业基地等，都是为了促进我国经济的稳定协调发展，直到 2006 年，“十一五”规划明确提出实施区域发展总体战略。结合国内外环境，区域经济不仅仅只限于区域，而是国家经济的一部分，区域经济应满足国家经济发展的整体协调和持续性，才能避免社会矛盾的产生。同时，区域经济也是全面建设小康社会和实现社会主义现代化中国梦的重大举措。

近年来，中国区域发展并不均衡，区域与区域之间、区域内部之间出现分化现象，尤其是南北地区，分化更为明显。为了加强区域的协调发展，打破分化及不均衡的现状，以东西与南北并重的方式取代之前的只以东西为重的方式。为了促使东西南北均衡，进一步细化区域协调发展的空间，“一带一路”、长江经济带建设等又被提出，实现了公平与效率并重的双重导向目标。

随着经济增长，为了协调随之而转变的中国主要矛盾，区域的协调发展要全面注重人民生活品质的提高，完善基础设施和公共服务建设，而不仅仅是单一地缩小区域与区域之间或区域内部的经济差距。要以多元化可持续发展的目光，融合重点区域，城乡结合、提升发展较慢区域的发展速度，在缩小地区差异的同时，促进东中西的有利连接、南北方多中心的贯通。只有加强区域的协调发展，以开放式的态度，全面建设的思想，网络化、信息化作为基础，才能解决区域发展过程中出现的不均衡和不公平现象，为我国新时代高质量的经济发展提供保障。

4. 新技术革命将重构区域竞争力

通过世界经济发展规律可知，技术革命都是伴随着经济危机出现的，而每一次技术革命都将改变人类的生产和生活方式，如2008年金融危机后出现的互联网和大数据信息技术的崛起。同时，新技术的产生必将细化到各个领域，互联网的增长带动了上网人数的增加，并曾一度超GDP增长速度的5倍，同时又推动了移动支付、智能制造等细分市场的出现，加快了产业结构的调整与升级。

以下四个方面将在区域经济的推动下持续发展。

首先，区域产业结构的调整，“打造平台”的方式将取代“打造集群”的方式。同时，以服务和信息网络在实体和虚拟空间进行交换的集聚和分散模式将成为区域增长的主要方式，而平台的网络化、信息化增长将取代集聚经济的空间增长。

其次，新的区域生活方式将出现。新技术的出现推动了劳动力及资本市场的融合，信息化、数字化的完善加快了社交媒体、智能家居等细分模块的建设。

然后，政府将采用新的治理方式与手段管理区域。加快数据库、人工智能等平台的搭建，为政府对区域的治理提供数据支撑和科学依据。

最后，数字经济将是推动区域数字新经济融合发展的重要形式。不同区域的数字经济表现形式各不相同，但都以“数字经济＋区域特色”组合，如沿海的华北华南地区表现为“数字经济＋金融”，而华东地区则是“数字经济＋教育”等。

5. 区域绿色生态发展将出现实质性推进

民众的健康意识、环保意识逐渐提高，反对铺张浪费、破坏环境，提倡勤俭节约、文明健康的生活方式，追求人与环境的和谐共处。同时，近年来推行的垃圾分类处理不仅成为现代城市新的生活时尚，而且得到了公众的积极认可和支持，因此，区域生态可持续发展不仅仅是政府政策的导向，更是顺应了经济发现新形式下的潮流。所以，未来区域生态发展将不仅仅停留在表面，而会在以下两个方面有实质性进步。

（1）绿色生态机制的建设和修复，治理之前城市在高速发展中造成的环境破坏，同时，建立城市与城市之间的生态互补机制并对产品进行统一定价管理。

（2）加强环境治理，建设绿色的生态发展链条，治理已出现的环境问题，并加强废弃物在产生、处理、回收再利用整个环节的链条管理。

6. 新型的城市群空间结构将成为重要支撑

随着区域经济一体化和城镇化建设的加快，网络化、均衡化的城市群建设将取代原有的区域点状和圈状结构。“一带一路”、长江经济带等都是按照城市群的建设而提出的发展新思路。未来，在高质量的前提下，城市群的发展将在规模、结构、功能三个方面进行调整和改善。

第一，扩大城市群的规模。长三角依托优越的地理位置，在 GDP 总量上遥遥领先于珠三角、京津冀、西南成渝和西北关中。在未来的发展中，将重点加大这五大城市群的发展，不仅提升经济总量，也要提升人口规模。

第二，优化城市群的空间结构。既要加大核心城市的发展速度，又要以核心城市为依托，带动中小城市的进步，保证大中小城市发展协调一致。将核心城市作为经济、金融管理中心，同时加强核心城市与周边城市的资金、技术互动，不仅可以促进中小城市的发展，也为大城市缓解了人口压力和产业过剩，形成科学统一、产能合理配置的城市群布局。

第三，优化城市群的服务功能。合理分配大中小城市服务功能，发挥城市优势和地方特色。核心城市加强创新创业和国际交流服务功能建设，周边中小型城市则结合当地优势，在发挥地方特色的同时，优化生产能力和服务功能，与核心城市分工协作，共同创造高质高端的产业结构，同时，加快轨道交通等基础设施建设，为优化城市群的服务功能提供重要条件。

7. 将形成陆海内外联动、东西双向互济的空间开放新格局

中国区域经济的不断发展，得益于区域经济的不断开放，也只有不断开放，才能更好地利用外部优势资源和市场弥补自身发展的不足。党的十九大报告和“十三五”规划都明确指出了中国经济要发展，就必须长期实施对外开放战略。但经过几十年的发展，我国各地区的发展存在不同的差异，东部地区得益于优势的地理位置和国际环境，逐步将“引进来”转向于“走出去”，充分利用全球资源，融入全球市场。而中西部地区则停留在“引进来”，“走出去”很少，主要因为中西部地区深处内陆，交通等基础设施相对落后，经济发展水平不高，而且周边国家市场需求能力有限，这在一定程度上阻碍了中西部地区的发展。

开放虽然加快了东部地区的发展，但东部地区未来将面对发展空间和成本的压力，中西部地区则由于自身地理位置和经济水平的差异，缺乏对外部的吸引力，所以，未来东部和中西部地区将会形成各自的发展模式。东部地区继续发挥优势，深化改革开放，早日走上国际舞台，西部地区则在国家政策的支持下，以“一带一路”为引领，并借助东部支持进行均衡式发展，努力缩小东西部差距。同时，利用内陆与沿海、东部与西部各自的优势，加强互助交流与经济互补。利用海洋的优势促进内陆发展，同时

内陆又为海洋提供基础保障，不仅在经济发展、市场开拓等方面进行融合，而且在教育、科技、信息等方面共同推进，形成统一协调的发展步调。

此外，在“一带一路”倡议下，充分发挥“一带一路”的作用，并利用自贸区等优越条件下的发展方式，由点及面，带动区域经济的整体发展。同时，明确区域经济发展的重点、产业链的搭建，加强区域与区域、区域与国际的合作，优化投资环境是首要任务。为了促进开放型区域经济的不断进步，国家也会给予相关政策支持，保证投资环境的公平、平等和正义，以此满足国家经济持续发展的需求，为创建和谐稳定的社会主义新中国打下基础。

二、区域经济空间组织与区域空间的一体化

（一）区域经济空间组织的构成与属性

由于资源要素和经济活动主体之间受制于其相互间的空间关系，其运行就必然体现一定的空间特色。因此，任何区域资源要素和经济活动都必然具有特定的空间组织形式。

区域经济空间组织是指在一定的约束条件下，对区域内或区域之间经济发展的资源要素进行空间优化配置的过程，是区域经济的一种重要的组织形式。区域经济要素在空间上的相互关系表现为区域之间的互补性和可达性。区域之间的互补性就是相关区域之间存在对某种商品、技术、资金、信息、人员等的供求关系的依赖，这种互补性是区域协作的基础；区域之间的可达性是指区域之间进行商品、资金、人员、技术、信息等传输的可能性，具有这种可达性，地区之间才能进行正常的要素流动。

1. 区域经济空间组织构成

（1）企业的空间组织。一个企业的建立，从空间角度看，有两种方式：一是选择合适的区位；二是对于特定地域企业，选择不同的资源要素及其组合方式进行生产或经营。无论何种方式，其共同的目的都是根据企业的产生或经营特点，以及一定的技术关系，把相关的资源要素组织在一起，形成一个适于本区域特点的空间组织结构。

（2）区域经济系统的空间结构。区域经济系统是区域内所有经济部门相互联系而形成的有机整体。它是各个经济部门的全部企业按照相互间的经济、技术联系和空间关系相结合的产物。由于各个经济部门的企业区位特点各异，而且相互间的经济、技术联系复杂。因此，企业间的空间组织更为复杂，既表现为部门内各企业间的组合，同时又表现为各企业间的联系。具有这种联系的空间结构能够形成区域经济的整体优势，这是任何

一个微观经济单位都不具备的。

（3）经济部门的空间组织。随着企业间联系的增加和复杂化，在经济和技术方面具有密切联系的企业在空间上组织在一起，形成一个相对完整的生产体系或经营体系，从而生产出系列产品或提供较完备的服务。这就形成了产业和部门的空间组织。这种组织能充分发挥聚集规模效益，为企业带来外部经济性成分。

（4）区际联合中的空间结构。这里所指的区际联合包括一个较为广大的区域内各地区之间的经济联系，也包括各区域之间的经济合作。随着区域分工的日益专门化，区域之间经济的相互依赖性亦越来越大，区域协作日趋重要。只有合理的地域分工与良好的区域协作关系，才能充分发挥各区域的经济优势，提高全社会的效率，创造出更多的物质财富。

2. 区域经济空间组织属性

（1）目的性。区域空间组织是通过经济主体而实现的，因而具有目的性。不同的区域，区域经济空间组织的具体目的也不相同，并具有明显的阶段性。

（2）可控性。尽管区域经济空间组织有其内在的规律，但其形成过程都是由人来实现的，只是不同的人群在其中担任角色的不同。起控制作用的主体可以通过调节其中的经济主体来控制区域经济的空间组织。例如，政府可以采取相应的政策措施，引导企业家布局自身的企业，从而形成符合区域发展方向的产业集群等区域经济的空间组织形式。

（3）协同性。区域经济空间组织中包含了各经济活动主体之间在发展中的竞争和依存关系。各经济主体由于功能不同，分工各异，在它们之间存在着经济、技术、管理等方面复杂的联系，构成了区域空间上的联系与依赖。

（4）渐进性。区域经济空间组织的演进是遵循一定轨迹的。在一定时期，人们对区域经济空间组织中涉及的各种问题的认识有限，对相关资源要素、经济活动主体的控制程度有限，因而区域经济空间组织的目标也是分阶段、渐进实现的。

（5）不完全确定性。尽管区域经济空间组织具有一定的可控性，但它仍然是多种因素的组合与相互作用的结果。在复杂的相互关系中，究竟会出现什么样的结果，对区域经济发展在哪些时段上有利，或者在哪些方面有利，对哪些主体有利，都是难以完全确定的，因此，区域经济空间组织在其发展的过程中还存在诸多的不确定性。

（二）区域空间的一体化

产业空间转移将促进区域经济发展的均衡化，同时形成区域空间一体化，这也是产业空间转移的最后结果。以区域分工和协助为基础，不断促进生产要素在各区域的自由流动，尤其加强相邻位置区域经济的协调发展，促使区域空间一体化这一高级形式的产生。

1. 区域空间一体化理论

区域经济一体化以空间一体化为理论基础，美国著名区域经济学家弗里德曼不仅继承了钱纳里和罗斯托的发展阶段理论，而且结合产业发展和空间演变，提出了区域空间结构和发展阶段理论。该理论认为："全国各区域经济全面一体化是必然发生的，因为区域经济的增长会促使空间子系统的重组和边界发生变化，而这一过程是可以找到规则的。"通过这一理论和区域内各相关因素的相互关系，弗里德曼将空间一体化过程划分为以下四个阶段。

（1）独立的地方中心阶段。均质无序的区域中存有若干缺乏等级结构的独立地方中心。在这一阶段，各独立中心与腹地的关系，就有些像奴隶主与奴隶的关系，腹地完全受制于中心，并且受到中心的盘剥而没有回报。这是前工业化社会特有的典型空间结构，它相对稳定。每个城市坐落于一个小面积地区的中央，腹地范围小，地区间相互缺乏联系并相互割裂，存在着大量的自给自足的经济。增长潜力很快就会枯竭，经济停滞不前。

（2）单一强中心阶段。作为工业化初期的区域空间结构，区域经济只靠一个大的经济中心支撑，中心城市的发展与边缘区的停滞同时存在，开始拥有单个强有力的中心。这一阶段中心与腹地的关系，如同官僚体系中的上下级之间的关系，彼此都离不开对方。中心需要外围完成一定的职能分工，而外围需要仰仗中心获得发展的机会。这种结构是工业化初期典型的表现形式，而且很不稳定。大批量的人才和知识分子以及劳动力开始前往中心（C），而中心以外的地区因为人才和劳动力的流失，导致经济受到打击甚至停滞不前，于是出现了边缘区（P），这种单一强中心阶段仅仅依靠大城市的发展作为支撑而忽略了边缘地区，两级分化严重，有可能带来社会和政治的不稳定，尤其是边缘地区。

（3）唯一强中心和边缘次级中心阶段。发展到工业化成熟时期，区域空间结构也发生了变化，区域经济不仅仅只依靠中心城市作为支撑，而且加入了若干边缘的次级中心城市。中心城市与次级中心城市会像企业一样进行贸易与交流，碰到问题时，双方共同协商解决，由于二者之间是竞争关系，存在领域问题，所以依然不稳定，并且容易出现摩擦。这一阶段，不仅开发了战略次中心（SC），缩小了全国边缘区域范围，而且有利于边缘区域的管理，利用边缘地区的重要资源，解决了中心城市的膨胀问题，但因为发展的重点依然是大城市，只是附带了边缘地区，所以边缘地区依然不可避免地存在贫困与落后状况。

（4）区域空间一体化阶段。这时，城市等级体系逐渐形成，同时，交通等基础设施逐渐完善，边缘性慢慢淡出大众视野，区域体系也被有组织的综合体所取代。

工业化后期或工业化时期的最终目标便是有组织的综合体，要不断将边缘区的发展纳入邻近城市的经济发展中，相互协调并依托，实现国家一体化、增长潜力最大化，并尽可能缩小区域之间的差异，只要实现这一步，就说明达到了“有组织的综合体”的最后阶段。

从当前我国区域经济发展的现状看，我国很多地方的区域结构正在由第三阶段简单的中心 - 边缘关系过渡到第四阶段的多级结构，投资区域也随之改变，由城市中心转变为具有战略地位的次中心。由于战略地位的改变，为争夺利益而封锁地区、争夺原料、拒绝合作等区域经济问题随之出现并频繁发生。这些问题的出现会严重降低整个国家经济系统的运行效率，必须从全局的角度统筹考虑，综合解决。

2. 区域空间一体化表现形式

区域经济空间一体化是一个空间系统演化的概念，也是一个动态的过程，主要有下面几种表现形式。

（1）空间形态一体化。所谓的空间一体化，即是组织严密、运转协调的城镇等级体系。在这一体系中，要创造条件让多核心和生产要素高度集中，紧密结合，这就要求除了城市与腹地的高度统一、合为一体外，还要加强城市与城市之间在空间上的联系，去除边缘地区，让城市中心与城市次中心协调发展[1]。

（2）产业一体化。人们将既有分工又有协作的区域产业结构合作体系称为产业一体化。合理优化区域内产业结构，突出优势企业，并以优势企业为主导，带动区域其他企业的发展，提升区域产业整体竞争力。由集聚理论可知，主导产业基本存在一些共性，通过发现其在产品分配或布局上的共性，然后根据其特点合理分配至各个区域，可以避免低效率和重复建设工作，营造良好、高效的企业环境，创建出“1+1>2”的高功能生产系统。

（3）市场一体化。在利益的驱使下，加之各区域经济关系并不协调，即使区域内部没有关税等壁垒，各个区域为了利益的最大化，往往动用行政力量，阻碍生产要素、原材料和产品的跨区流动，进行市场分割和地方

[1]李剑林．基于发展观演变的中国区域经济发展战略及空间格局调整［J］．经济地理，2007，27（6）：896-899，903.

保护主义，从而阻碍了区域市场一体化的形成。

区域经济一体化的前提是区域市场一体化，首先要做到区域市场一体化，必须发挥市场特性，保证各种生产要素的自由流通，清除阻碍区域合作的障碍，构建完善的市场体系。这里所说的市场，不仅包括产品市场，还包括资本、技术、人才等生产要素市场以及产权、旅游、文化等其他方面的专业市场。

（4）交通通信设施一体化。区域各组成部分的连接体为交通通信等基础设施。要实现区域经济一体化，必然先实现交通通信设施一体化，只有以完善的交通网络为支撑，才能保证区域内商品、要素等的自由流动。所以，加快交通基础设施建设，加强各区域的连接，能够促进国民经济的发展，保障经济一体化的实现，尤其是区域各组成部分要抓住发展机会，如高速公路、快速干道等，以此为契机，加快配套设施的建设，完善交通通信设施一体化。

（5）制度一体化。从根本上来说，市场经济就是法治经济，市场主体的行为要在法律和制度的前提下进行，其中包含了政府行为。所以，只有制订市场统一规划，规范各地政府政策，遵守法律法规的约束，才能更好地促进区域经济一体化的实现。从现下中国的实际情况可以发现，区域经济一体化的实现困难重重，交易成本居高不下，其最主要的原因是行政壁垒的存在，导致市场被分割，区域经济冲突时有发生，而其根本原因便是行政主体的政策和制度得不到统一和协调。因此，打破行政界限的束缚，建立共同的管理决策机构，为区域经济一体化提供制度保障势在必行，其也是中国区域制度一体化最核心和最重要的工作。

（6）信息一体化。随着信息化社会的到来，信息的传达和获取方式更加简单和完善，从而使得信息与社会生活及经济发展更加紧密相关，这也让信息一体化在区域经济一体化中的作用更加明显。但是，信息封锁和信息资源不互通会阻碍信息一体化的发展，因而在这一过程中，要加强信息互通、资源共享，不仅可以降低社会交易的成本，而且可以维护共同市场，提高区域的整体竞争力。

就中国目前而言，由于行政壁垒造成的市场分割和区域经济冲突无疑是区域经济一体化过程中的重大障碍之一，不同行政主体的政策和制度之间往往存在冲突和矛盾，这也正是交易成本居高不下的重要因素。未来中国区域制度一体化最核心的工作，就是要建立一个共同的管理决策机构，打破行政界限的束缚，为实现“行政区域”向“经济区域”的转变提供制度保障。

三、区域经济发展空间新格局理论与实践创新发展

（一）构建完善大国区域经济发展空间新格局

1. 管理结构的沿革和构建及完善其新格局、新实践

一直以来，我国都注重城市区域间的协调发展，以习近平总书记为代表的党中央领导集团始终坚持贯彻党的指导方针，坚持发展具有中国特色的社会主义政治经济，制订符合国情的方针政策，对区域经济的发展做好总体规划，使不同地区能够实现协调发展，为我国实现优化经济布局、促进城市共同发展的战略目标打下了坚实的政策基础。这一战略成功落实的代表以京津冀为例，在党的指导下，京津冀地区将自身优势发挥到最大，实现区域共赢，成为其他地区落实区域协同发展政策、实现城市共赢的榜样。

成果一：随着科技的进步，国家对区域经济发展也有了更加明确的规划和进一步要求，实现区域中城乡经济协同发展成为我国发展经济的重要目标。怎样优化城市产业布局应当成为区域首先要落实的问题。经过党中央长时间的摸索，不断从错误中吸取经验，党中央总结出一套适合于我国国情的区域发展方案。以大区域为中心，中小城市为分支，现代化城镇为支点，协调好这些城镇之间的生产关系，以大带小，以小城镇支持大城市。党中央正确理念的引导成功促进了城乡协同发展，实现了区域间的共赢，缩小了贫富差距，将处于不同战略地位的城市功能较好地发挥起来。经过长时间政策的落实，以京津冀地区为代表，很多城市已经达到中国区域经济四化格局的标准。

成果二：改革开发以来，在中国共产党的领导下，我国始终坚定不移地走中国特色社会主义道路。由于社会主义制度的优越性，我国的方针政策始终能够适合国情，给人民带来利益。在这一时代中，能够体现我国制度自信、理论自信、道路自信的实践有很多，其中构建完善大国经济发展空间新格局战略将理论与实践很好地结合在一起。因此，下面将从以下几个方面阐述该战略为我国带来的优势。

（1）对我国继续实行科教兴国、人才强国、重视创新的战略有着重要意义。传统区域的经济生产力往往发展不平衡，要想采取一定措施改变这种局面，优化区域经济布局，必须以市场调节为主要手段，减少干涉力度，同时应当注重高科技产业的聚集，加大城市创新力度，使中国经济得到充分升级，迎来新的发展阶段。

（2）对区域间实现协同发展，完善大中小城市功能，优化大中小城市布局有着重要意义。

（3）对减少从生产地运往消费地区产生的交通运输费用有重要意义。有助于实现生产消费一体化，提高生产消费的自由度，减少区域间的经济差异，促进城乡协同发展。

（4）对我国经济体系的可持续发展有着重要意义。迎合了我国经济政策中市场起决定作用的方针，有利于优化市场布局，开辟特色市场。

（5）对提高市场竞争的活力，优化产业结构有着重要意义。有助于传统企业明确分工，做好合作，优势互补，同时有助于提高产业竞争力。

（6）对扩大区域优势有着重要作用。有助于不同区域壮大自身的产业特色，与其他区域实现优势互补，在竞争力空前活跃的基础上，提升区域高度，向国际优秀代表看齐，甚至参与到规则的制订中。

（7）对完善国防事业的资源配给有着重要意义。实现国防资源迅速调动，有充分的精力、实力应对紧急情况，更好地将军事与民用工业结合在一起，提升国防实力的同时带动经济发展，实现军民互利共赢。

（8）对我国继续落实可持续发展战略有着重要意义。有助于我国打造经济与环保并行的产业结构，实现区域特色化与生态化共同发展的目标。

（9）对保障区域的经济基础、提升区域的综合实力有着重要意义。完善此政策的过程有助于加强民生建设力度，提升人民幸福感，早日实现百年奋斗目标，实现共同富裕，缩小贫富差异。

（10）对完善区域经济协调发展制度，实现经济结构优化，打造现代经济体系有着重要意义。

成果三：创新区域协调发展新模式，推动大城市与小城市的合作，以大带小。结合不同区域的发展特点，将不同地区的优势扩大化，实现对口合作。帮扶政策以“闽（福建）宁（夏）”为代表，取得了显著成效。以东部率先崛起的如北京、天津、辽宁、上海、江苏、浙江、福建、山东、广东 9 省市及大连、苏州、杭州、宁波、厦门、青岛、广州、深圳、珠海 9 个省辖城市带动中西部城市如内蒙古、广西、重庆、四川、贵州、云南、西藏、陕西、甘肃、青海、宁夏、新疆 12 省区市的发展，有助于我国早日实现城市协调发展、建设共赢城市的目标。

2. 形成沿海沿江（河）沿线沿路经济带为主的经济新轴带

随着 21 世纪第二个十年的到来，中国加快了实施区域发展总体战略，创造新实践，展现新态势，在建设经济发展空间纵向横向经济轴带方面取得了举世瞩目的辉煌成就。由于大国区域经济发展空间新格局理论与实践的不断发展，中国区域经济发展空间将会形成沿海沿江（河）沿线沿路轴带化的新实践新变化，从而不断提升轴带化发展水平。

（1）许多经济带联合形成中国东部沿海开放经济新轴带。例如，由跨东北三省全域及内蒙古部分区域构建的"东北振兴"经济合作区，由北京、天津、河北、山东、辽宁、山西、内蒙古7省市区全域及河南部分区域构建的泛环渤海经济圈合作区，由上海、江苏、浙江、安徽省市构建的长三角经济区，由福建省全域行政空间及联合台湾地区构建的海峡西岸经济区，由广东、海南全域及广西部分区域构建的跨广东、广西、海南3省区的泛珠江经济带等。

（2）世界最大的沿江经济轴带是以长三角城市群、长江中游城市群、长江上游城市群及三江源国家公园辐射区等为空间主体，构建跨青海、四川、重庆、贵州、云南、湖北、湖南、河南、江西、安徽、江苏、浙江、上海等13个省市的长江经济新轴带。

以黄河为纽带，包括三江源国家公园辐射区、西宁城市群经济合作区、兰州城市群经济合作区、银川城市群经济合作区、宁夏沿黄城市群经济合作区、西安-关中城市群经济合作区，呼包鄂榆城市群经济合作区、晋中城市群经济合作区、郑州城市群经济合作区、山东省会经济圈等主体空间，最终构建成了跨青海、甘肃、陕西、宁夏、内蒙古、山西、河南、山东8省区的沿黄经济新轴带。

（3）以铁路为纽带形成的亚欧大陆桥和新亚欧大陆桥经济新轴带等为例，以横贯东西、连通南北的铁路（高铁）为主体，形成连通中国东中西部多条跨大区域的纵向横向沿线沿路经济新轴带。再比如，泛环渤海经济圈的实证研究显示，已建成天津—北京—张家口（通联沈阳—哈尔滨等东北全域城市）—呼和浩特—包头（直通嘉峪关）—银川—兰州（通联西宁—格尔木—拉萨铁路）—乌鲁木齐及延伸线的高铁大通道，构建横跨东西国土的沿线经济新轴带；通过青岛（通联胶东半岛城市）—济南—石家庄—太原—延安—西安—兰州—西宁—乌鲁木齐的高铁大通道，构建富有活力的沿线经济新轴带。就如通过不断提高著名的川藏公路运输发展水平，必定会形成沿路经济新轴带等，以横贯东西、连通南北的公路（高速公路）为主体，最终会形成若干个跨建制市空间的东西与南北走向的区域沿线沿路经济新轴带。

（4）随着城市临空经济圈的进一步发展，城市空港一体化连通的临空经济新轴带将会形成。例如，随着京津冀协同发展战略的深入推进、北京南部新国际机场等的竣工，北京与天津滨海空港等形成的空港群及围绕京津的一批邻近区域空港正在加速建设，经过协同发展一体化的衔接过程，必将构建成为一个具有强大世界辐射力的临空经济新轴带。

3. 以建设"三区"为基本抓手，加快区域发展

通过全面深化改革，特别是供给侧结构性改革的落地落实，中国正在深入实施以自贸区、国家级新区、区域协同发展合作区（史称“三区”）为主要内容的制度保障性区域发展新战略，努力为大国区域经济发展空间新格局理论与实践创造新的发展。

通过观察与分析、理论与实践的新发展不难发现，无论是“主打全球”的上海自贸区，还是“主打区域”的广东、福建、天津自贸区，其核心内容都是建立对外开放的负面清单制度：推动政府管理制度改革并加快建立成熟性市场经济体系的步伐，创新以咨询、调节、仲裁、司法等纠纷化解机制为主要内容的权益保护制度，更新建立市场主体信用风险分类管理制度和市场监管随机抽查联合检查制度，最终达到形成开放型经济发展的法治化制度体系的目标。

通过理论与实践的新发展还可以得出，成为城市发展空间新中心、智慧发展新高地、创新创业策源地、持续性开放开发新空间是国家级新区的核心使命。中国建设国家级新区取得不可替代的辉煌成就，“全域创新”是突出的亮点表现。“全域创新”，顾名思义，就是指在一定区域内，以全面创新、协同创新为基础，以新战略观为指导，通过对区域内创新资源和创新要素进行全方位整合、系统化配置，以形成激活创新资源和要素，再造创新模式和文化，系统思维、全局规划、总体统筹、横向到边、纵向到底，全区域、全要素、全链条的全域创新新格局；形成以开放、协同、共享、泛在为基本特征，以数字化、网络化、智能化、绿色化为引领的区域新竞争比较优势，开启新的增长周期。

理论与实践的新发展还揭示了以下观点，通过“六个”一体化的制度保障，即城市圈群产业发展布局一体化、城乡统筹与城乡建设一体化、区域性市场建设一体化、基础设施建设一体化、环境保护与生态建设一体化、社会发展与社会保障体系建设一体化，以此为主要标志建立区域协同协调发展合作区，使区域经济发展进入协同协调发展的新常态化新时期，在实践中加快实施京津冀区域协同发展国家大战略，已经成为示范性的经典案例。

（二）遵循自然规律与经济社会发展规律

不论以何种方案规划城市，都应该遵循城市发展的一般规律。我国为了优化区域经济发展格局，必然要注意城市的“历史性地位”。每个城市都有各自的优势，在城市空间布局优化过程中，值得注意的是，每个城市都能作为中心城市发展。虽然城市规模有大有小，但是可以依据城市在不同区域中所产生的影响力、辐射强度，将城市划分为层级不同的中心城市。例如，超大城市可以作为面向国家的中心城市，而中小城市则可以按照面向区域的标准来建设。只有依照城市化发展的一般规律进行城市规划，我国才能早日与国际标准接轨。

城市在发展到一定阶段后，难免会出现超出人口容纳力的情况，长此以往，城市将产生一系列资源紧张、环境恶劣的负面现象，城市的可持续发展将成为问题。要做好城市规划，就要遵循城市发展的一般规律，结合特殊规律，从理论层面打造适合不同城市的计划，根据不同中心城市的优势，建设具有自身特色、适合居住的文明绿色城市。

1. 创新力是城市内生活力的第一动力

随着时代的发展，创新在城市规划、城市建设中发挥的作用也越来越大。将城市中的创新资源利用到极致能够对城市建设产生意想不到的效果，有助于提升城市产业的竞争优势，占领市场资源，加快经济结构转型。因此，如何正确整合配置城市的创新资源成为城市规划中应当着重考虑的问题。城市的创新资源应当集中起来，创建城市创新的集中区域，同时该区域要有合理的分工，按照小区功能将城市分成具有层次的辐射区。在此过程中，除了要贯彻落实“大众创业，万众创新”的传统方针政策，还应当创新制度，将不同规模的小区按照功能规划，产生相应的辐射区，加快完整产业链的建设。

创新城市的建设不是一朝一夕的事情。要想将传统的城市彻底转型成功，必须将创新政策与“大科学”理念放在首位。打造创新型的城市需要从自然与社会两个方面着手，既要建设符合人民利益，能带来经济效益的中心城市，又要注意环境保护问题，实现城市的可持续发展。实现自然与社会层面的协同发展需要中心城市全面贯彻“大科学”理念。只有将“大科学”理念全部推行，才能从根源上完善中心城市的产业链条，实现产业链条成功向科技成果升级的目标，实现自然与社会并举发展的目标，才能从根本上革新传统的投资模式，使城市全方位向创新方向发展。

科学文化在推进人类历史进程、提升人类经济实力等层面一直发挥着不可小觑的影响力。因此，传统城市要想转变成全域创新型城市，需要借助文化市场，大力发展科学教育。城市需要从如下几个方面做出改进。第一，应当将城市的高等院校、科学技术机构利用起来，将零散分布的教育机构集中在一起，发掘城市教育研究特色，扩大自身在文化市场的优势，建立独一无二的城市文化，成立城市科研队伍。第二，应当重视教育在城市中的普及率，发掘市民的潜能，大力开展扫盲工作，提升市民整体文化水平，提升城市教育素养，为全民创新争取良好的氛围。第三，企业作为城市的经济体，应当提升自身创新水平。传统企业应该加速转型，在当今社会，只有走可持续发展的创新之路，企业才能不被时代所淘汰。第四，应当注重保护市民或企业的知识产权。只有保证了知识产权不被侵犯，维护好人民的利益，才能形成创新持续发展的良好氛围。在推行知识产权保护工作的过程中，应当及时吸收国家自贸区的经验，同时与国际准则接轨，有助于形成良好风气，注重知识产权保护，吸引外来人才驻足。第五，在建设创新城市的过程中，应当完善治理模式，建成一套从顶层到底层全面贯彻创新政策的制度。鼓励科研人员创新，可以适当地发放奖励，提升创新企业的热情，开放红利政策吸引创新人才。

2. 枢纽力是城市拥有竞争活力的第一功能

决定着中心城市必须建成现代化枢纽型大港口城市的因素是枢纽力。中心城市想要不断提高升华，发挥“造极、建圈、联带、组区”的“火车头”带动力水平，就需要大力提高发展空间的枢纽力，使得枢纽力成为充分发挥城市竞争活力的第一功能，这样才能建成高水平互联互通“地球村”的枢纽型大港口城市。

中国正奋力打造新一代新经济业态。中国大数据产业正处于高速发展期，到 2020 年底，其产业规模将超过 8000 亿元，数据总量到 2020 年将占世界的 200%，跻身全球第一数据资源大国，成为世界数据中心。数据主权已成为国家主权的新要素，中心城市为应对浩浩荡荡的大数据发展潮流，要按照党和国家的战略部署，以开放的姿态和创新的勇气，积极开展与国际社会的合作，为中国大数据产业注入新的活力，为加速世界经济社会大数据的共享共融做出贡献。

人脑时代、电脑时代、云脑时代，这是一个变迁过程，由于最基础的资源由数据、信息和知识共同构成，所以人类思维逻辑和人类思维范式都是并举共存的。块数据的出现，带来大数据时代的范式转移，推动了传统世界观、价值观和方法论的创新发展，引发经济社会发展空间出现革命性变化，成为推动建立发展空间新结构的新动力，因此中心城市必须建成现代化枢纽型大港口城市。现代化枢纽型大港口城市通过数据流引领技术流、物资流、资金流、人才流，强化区域统筹衔接和条块结合，实现跨部门、跨区域、跨层级、跨系统的数据交换与共享，最终构建成全流程、全覆盖、全模式、全响应的中心城市现代化善治新体制与新机制。

3. 结构力是衡量城市可持续发展的第一标准

结构力既是生产力理论范畴研究的内容，也是生产关系理论范畴研究的内容。区域经济发展进程中出现增长速度波动性“分化”现象，最根本的原因是结构力出现了问题，因为结构力决定必须确立中心城市最适合空间发展的精准定位。城市各种结构性因素决定城市是否可以可持续发展，无论是在何种发展阶段，结构力都是衡量城市可持续发展的第一标准。中心城市想要形成强大的结构力，既要做到着眼于生产力的合理配置，实现新旧动能结构接续转换，也要做到着眼于生产关系的调整，实现创新性的结构性制度性改革，精准定位最适合城市空间发展的方式。

第一，确立中心城市最适合空间发展的精准定位，需要进行城市行政管理体制实现创新性的制度性改革。用新战略观指导中心城市发展，必须着手解决不适应新常态经济社会发展的、现行城市管理体制等客观存在的问题和弱项，坚持以问题为导向，弥补短板、创新体制，加快城市进入新“常态化”的发展新阶段的步伐。新阶段决定了在中国特色社会主义新常态化发展的大趋势下，以不断增强着的“火车头”带动力为显著标志的城市生产力快速增长，迫使城市行政管理体制必须进行创新性的生产关系调整。

第二，任何层次中心城市发展都需要坚持规划“科学合理合情”的六字方针，因此，确立中心城市最适合空间发展的精准定位，势必要以最大化发挥比较优势的域情为基本点，经过科学的、合情合理的规划，确定发展适合城市的拥有静态优势和动态优势的经济业态。

第三，确立中心城市最适合空间发展的精准定位，在创造城市发展空间理想、统筹运行生态和创造城市善治融合发展新模式中，需要深刻认识到，建成宜居宜创宜游城市才是现代城市发展的高端形态。

第二节　区域经济管理的实践模式与相关法律发展

一、区域经济管理的实践模式

（一）区域经济合作模式

20 世纪 80 年代末以来，随着经济全球化和区域经济一体化迅速发展，区域经济合作模式已经突破了以往那种仅局限在国内区域之间，或紧邻的较小范围、较少地区之间，或发达国家之间和发展中国家之间的合作，诸如发达工业化国家与发展中国家之间的，跨洲的多国多地区之间的区域经济合作组织与模式，形成了更多层次、更多内容、更多交叉的区域经济合作新体系。

由各级政府参与，通过制度建设促进的区域经济一体化，已经是当今世界经济发展的一个重要趋势。综观全球，一个国家或区域经济如果不参加区域合作，不仅要承受其他国家区域合作后转移性贸易的损失，而且会失去与其他国家或区域集团竞争的优势，无法在世界经济格局中处于优势地位，更不能获得其他收益。通过参与各类区域合作，建立各种区域性优惠经贸安排，推动区域经济一体化以寻求更大的经济发展空间，成为多数国家和区域政府明智的政策选择。加快区域内外合作体系的建立，既是区域经济发展的必由之路，也是区域政府实施区域经济管理与调控的重要内容。

1. 全球区域经济合作中的模式选择

目前，在全球区域经济合作中存在许多种模式选择，但是从总体上来看，有以下三种模式。

（1）制度性合作形态。例如，欧盟、东盟、北美自由贸易区等，属于全方位的体制性的紧密型合作机制。全方位就是它包括了贸易、经济、货币、财政、税收以及有关政府政策方面的体制上的整合，它是紧密的、全方位的、体制性的整合。欧盟的经济一体化政策是目前全世界区域经济一体化当中的最高形式和最高表现。

（2）功能性合作形态。为实现某个具体目的而进行的多边合作，如澜沧江——湄公河次区域经济合作等；或是在某个特定领域里的体制性合作，如“自由贸易协定”（FTA），是在贸易领域中的一种体制性合作，也是一种比较紧密型的合作。目前，世界上许多国家和地区都应用“自由贸易协定”方式展开经济合作，如著名的北美自由贸易区、东盟自由贸易区（“10+1”和“10+3”）、东亚地中海自由贸易圈、中日韩自由贸易区等。

（3）准制度或非体制性的、松散的区域合作形态。例如，亚太经济合作组织、博鳌亚洲论坛，以及我国的“泛珠三角”的“9+2”经济合作模式等，都是论坛形式的[1]。

2. 区域经济合作的原则

区域经济合作应遵循以下原则。

（1）平等自愿的原则。应遵循平等协商的原则，共同解决合作中遇到的困难和问题。

（2）互利互惠的原则。解决成员共同关心的问题，促进区域经济的共同发展；致力于发挥各成员的比较优势，促进区域资源的合理配置；在相互投资和贸易中，应做到诚实守信、利益共享、风险共担。

（3）讲究实效的原则。区域经济合作应从实际出发，着眼于解决实际问题，务求实效。

（4）循序渐进的原则。应因地制宜，因时制宜，因势利导，有步骤分阶段地逐步推进区域合作的深入。

（5）市场导向的原则。以市场为导向，以产业为目的，以企业为主体，以人才为核心，以公共环境为平台，辐射拓展区域内外市场。

[1]朱国传．区域经济发展：理论、策略、管理与创新 [M] 北京：人民出版社，2007.

（二）区域经济转型模式

资源型城市是指对不可再生的资源进行开采、加工等，以此发展起来的资源型产业及相关产业为主导的支撑整个城市经济发展，对资源的依赖性较强的城市类型。因此，资源型城市在发展过程中，资源成为其发展经济的命脉。同时，资源型城市也是工业化和城市化进程中的伴随产物。根据城市的形成与资源开发的先后顺序，资源型城市可以分为“先矿后城型”和“先城后矿型”。

经济转型是指一个地区经济发展方式的转变，包括对经济发展因素、发展模式、增长方式的转变，还包括对经济内部结构的调整、优化。经济转型有多种结论，其中资源型城市的经济转型实质就是摆脱对资源的依赖性，调整产业结构，改变原来以资源及其相关产业为主的发展，积极的发展其他产业部门，从而使资源型城市的经济发展实现可持续的发展模式。

二、区域经济一体化下城市经济发展的法律发展

区域经济一体化是提高城市竞争力，促进区域内城市经济协调发展的新途径。在区域经济一体化发展中，不能忽视法律规范的重要作用。

第一，区域经济一体化发展与环境保护要统一。党的十九大更加重视生态文明建设，对生态文明和环境保护做出了一系列重大安排和部署，要求加快补齐生态环境短板，将生态环境质量总体改善纳入全面建设小康社会的目标体系，为环境保护提供了强大动力。市委、市政府大力推进绿色发展，就生态文明建设、大气污染防治等相继出台了一系列政策措施，绿色循环低碳发展的内生动力进一步增强。大气污染防治联席会议、水质会商、流域生态补偿等环境保护体制机制逐步建立健全。市直各部门各司其职、协同作战、合力攻坚的工作格局已经形成，环境保护工作基础不断夯实。对于区域经济发展中出现违反国家环境保护相关规定的，应当依法予以追究和制裁，努力平衡好区域经济一体化发展与环境保护的关系[1]。

第二，找准定位促进经济协同发展。政府在做好顶层设计后，更多的作用应当是发挥引导职能，指导各社会团体、组织，带动与其他成员城市产业间的交流、渗透、融合及创新发展新产业，促进迸发产业新活力，创造城市新机遇。政府应当关注自身的角色，减少行政干预，多给市场经济

[1]杨丽艳．区域经济一体化法律制度研究 [M]. 北京：法律出版社，2004.

主体以自由发展的权利和空间[1]。

第三，充分重视律师在区域经济一体化中的作用。区域经济一体化要想健康有序发展，必须重视政府法律顾问及社会律师法律服务专业群体的建议。因为这个群体是法律专业群体，不但掌握系统的法律理论，也拥有丰富的法律实务经验。无论在地方政府立法权的行使，或者在区域经济发展中出现纠纷等问题上，都由律师出面协商，将问题尽可能消灭在萌芽状态，使城市间的经济合作和发展控制在法律许可范围内。

[1]崔淑霞．区域经济一体化背景下城市经济发展的法律思考[J]. 大庆社会科学，2018（01）：54-55.

第四章　城市公共经济管理及其发展

随着我国经济的高速发展，城市公共管理对经济有明显的促进作用，本章主要探讨城市公共经济的产生及发展、公共经济管理机构以及新常态下公共经济管理创新。

第一节　城市公共经济的产生及发展

一、城市公共经济的产生

我国在经过了多年的计划经济后，认识到市场经济是不可逾越的阶段，它是工业经济发展、实行社会化大生产的客观要求。我国现代化建设，发展社会化大生产，也必须实行社会主义市场经济体制。经过了多年的市场化倾向的改革，市场在资源配置中的基础性作用日趋明显，应由市场配置资源的领域，政府已逐步“让位”于市场。政府不再直接管理微观经济的生产经营活动，转由市场机制调节运行。

目前，我国的社会主义市场经济体制框架已基本形成，如何看待和处理政府与市场的关系是一个关键问题。

在西方现代市场经济发展的过程中，在政府干预问题上的争论从来没有停止过。由于信息的不完全性和市场不完善性，使得市场失灵具有必然性，决定了政府干预经济的必要性。

越来越多的机构、组织和企业参与到城市公共经济中来，城市公共经济的管理机制、运营方式产生了变化，因此，城市公共经济管理也是值得关注的问题。

二、城市公共经济的发展

伴随着工农业生产和流通事业的发展，伴随着社会精神文明的不断进步，城市公共经济的发展和其他经济事业的发展一样，呈现出较强的阶段性。城市公共经济各个发展阶段有不同的特征和成因，具体有以下三个阶段。

（一）城市公共经济发展的第一阶段

在城市公共经济发展的第一个阶段，政府劳务类公共产品数量较大，而公用事业和劳动力形成、开发与保护部门则显得相对薄弱，此时，政府行政管理和经济管理人员的总数要超过其他类公共经济劳动者数量，而且人们一般也不愿进入这些公共经济部门。另外，城市公共经济各部门如邮政、交通运输、城市公用事业、教育等部门的物质技术设备也相当落后，劳动生产力低下。再有，在这一阶段，私人基本不介入公共经济。因为一方面私人资本积累规模一般达不到进入公共经济领域的水平；另一方面即便进入也无利可图，投资收益率相当低。当然也有个别部门是私人愿意进入的领域，如教育和医疗卫生，它是某些具备特殊技能的劳动者的活动领域。可以说，此时的公共经济基本上只是为少数人谋福利的，它所提供的公共产品仅为少数人所消费。

但以上现象并不是绝对的，个别部门如教育、医疗卫生等所提供的公共产品是广大消费者普遍需求的产品，但受收入的限制，一般人又无法享受或不能及时享受。正是从这个角度出发，此时的公共产品是少数人的特有消费品，而非使大部分人得益的消费品。

城市公共经济这个发展阶段特征形成的历史背景是多方面的，是多种政治因素和经济因素的组合体。

从政治角度看，政府往往要维持一个较大的司法机构。另外，当时的政府不会过多将注意力放在社会经济公共事业、投资兴办社会公共经济工程、教育、卫生和科学技术研究上，没有大规模投入资金扶持社会发展。

从经济角度看，当时的公共经济之所以处于低水平，主要原因有三点：第一，此时的工农业和流通事业均处于较低发展水平，而且产出规模和产品品种相当少，不可能维持较大规模的公共经济。同时，也并不需要公共经济加速发展来推动自身的发展，因为直接生产过程和流通过程都属于粗放性劳动，而且手工劳动成分占主要比重，并不需要复杂的动力供应和排泄废物系统；第二，此时的城市化水平相当低，绝大部分人居住在乡村，因而全社会对集中供应的基础设施类公共产品的需求量较低，而且经营公共产品服务于居民生活有很多物质技术性问题难以解决；第三，此时绝大部分人的收入较低。所以，部分居民对交通、邮政、教育等部门的公共产品的需求量不大。

（二）城市公共经济发展的第二阶段

在城市公共经济发展的第二个阶段，政府劳务份额减少，城镇公用事业规模有所扩大，劳动力形成、开发与保护部门的规模扩张加速。此时扩展较快的有教育、医疗卫生、交通运输、邮政通信等。从总体上看，这时主要还是规模扩张。生产方式和物质技术设备在公共经济领域内并未显示出突破性变革迹象。另外，此时政府开始注意市政建设和公共事业投资，而且私人也在介入公共产品供给。

城市公共经济发展的第二个阶段基本上处于资本主义社会的初、中期。从市场经济发展过程角度分析，是处于市场经济初步成熟时期。此时公共经济的发展是在政治结构和经济结构不断变动的大背景条件下进行的，是与制度变革和技术革命以及观念转变联系在一起的，是与世界各国经济往来逐步加强息息相关的，它意味着社会总体架构的变动，是历史发展的一个侧面。

（三）城市公共经济发展的第三阶段

在城市公共经济发展的第三个阶段，公共经济发生了质变，其突出表现是公共经济提供的国民收入和公共经济部门就业人数占总就业人数的比重快速上升。城市公共经济处于第三个发展阶段的国家一般是市场经济相当发达的国家。1945 年以后，各主要资本主义国家的经济结构逐步变动，其中最引人瞩目的现象是第一、二产业的规模扩张速率逐渐下落，第三产业扩张速率快速上升。目前，很多市场经济发达的国家，第三产业提供的生产总值占国民生产总值的比重已超过 80%，第三产业从业人数占就业总人数的比重也已超过 60%。而第三产业内部结构中，公共经济部门增长速率相当高，特别是 20 世纪 70 年代以后，各市场经济国家的商业、房地产业、饭店业等已经显露出增长乏力势头，而公共经济的很多部门如环境保护、医疗卫生、教育、公用事业等依然平稳增长。

在这个阶段内城市公共经济发生了质变：首先，公共经济领域内的生产方式发生了巨大变动，高新技术在公共经济领域得到充分利用，劳动生产率和物质设备水平普遍提高；其次，公共经济领域内的劳动力素质水平有了较大提高，成为高级专业人才密集的领域。这是公共经济产品质量不断提高的人力资源基础；最后，公共产品内在质量不断提高，原有的质量结构被新的质量结构取代。此时，公共产品的质量结构如教育、医疗卫生、邮政通信等已具有多元功能，不仅要满足特定的消费需求，还要满足相关方面的需求。

公共经济在这个历史阶段发生质变并不是偶然的，它是经济发展和社会进步以及生产方式变革的必然结果。具体来说，导致此种变化的主要原因有三点：第一，经济发展带来了收入水平的普遍提高，使人们的支出结构和消费偏好发生变化，公共产品的需求数量和需求质量不断提高。这促使公共经济规模相应扩张；第二，生产和流通的发展本身客观地要求邮政通信、交通运输、公用事业、环境保护等部门加速发展，以确保各项业务活动的展开；第三，经济增长和人口的增长向人类社会的资源利用格局提出了挑战，它迫使人类加速科技进步、完善带有较强规模效益的公共事业的发展。

第二节　公共经济管理机构

一、公共经济管理的主体与行为特性

公共经济管理发展的一个重要特征是管理主体构成的变化，一方面，作为公共经济管理机构重要组成部分的政府，其管理职能和管理方式必然要随着时代的发展而转换；另一方面，越来越多的社会组织和企业参与公共经济管理，政府不再是公共经济活动的唯一主体，公共经济管理主体的多中心趋势日趋凸现，使公共经济管理主体的行为特征发生了许多明显的变化。

（一）公共经济管理机构多样化

在传统意义上，无论是在理论上还是在实践上，政府是公共经济管理的主体，甚至是唯一的主体。政府垄断了公共经济和公共事务领域的一切事务。在某种意义上，政府拥有从事公共经济活动的合法性，尤其是普适性强的公共产品的供给，一般具有成本高、规模大、周期长和收益低等特点，因此私人没有能力或者是没有激励来投身于公共经济活动、提供某种公共产品。另外，政府一般拥有巨大的“潜能”和动员大量社会资源的能力，同时又具有广泛的社会代表性，因此有条件、有能力来从事具有规模经济优势和非营利性的公共经济活动。但是，随着经济和社会的发展，这种局面已经发生了变化。政府作为公共经济唯一主体的地位和合法性受到了前所未有的挑战，公共经济主体出现了多样化趋势，除了政府以外，公共事业部门、私人企业和国际公共经济组织也参与到了公共经济活动中，成为公共经济管理的重要主体，如美国的航空、能源、电信、教育等公共产品的供给已全部面向私人开放。在中国，随着改革的深入，私人已经开始涉及公共产品供给领域，其他主体已参与到公共经济活动中[1]。

（二）公共经济管理主体：政府

1. 政府的职能特征

政府作为主要的公共经济管理主体，在历史上和当代都占据了重要的、主导性的地位。随着时代的发展，市场机制的影响逐渐增大，公共经济管理的主体也面临着改变，除政府外，私人企业、公共事业组织以及国际公共经济组织也成为公共产品提供的来源。但公共经济管理的主体仍然是政府的财政收入行为，以此为核心来开展工作。

政府在全世界范围内有多种不同含义，学者们也定义了许多概念。从定义上看，中国政府主要有两种：第一，政府是国家机构的组成部分，是统治阶级用以组织和管理行政事务的国家行政机关；第二，有广义、狭义之分，广义上，政府包含立法机关、司法机关、行政机关；狭义上，政府就是中央和地方各层级国家行政机关或权利和执行机关。

政府管制又称“公共规则”，是政府对私人经济活动主体的直接限制，以行政性规定为主要方式。政府管制与政府调控具有一定相似性，都是政府介入市场，针对市场经济运行中出现的垄断及外部性缺陷，为保障社会福利不受损而进行的弥补。政府管制与政府调控有一定区别，政府管制的作用具有显性特征，采用直接行政手段，利用经济立法或限价干预市场活动，因此作用也较为直接；政府调控的作用则具有隐性特征，通常使用间接性手段干预经济，如利用货币政策调控市场，因此作用较为间接。政府管制和政府调控因其不同的手段和作用，适用于不同的层面和范围，较调控而言，政府管制更具有针对性，通常针对某一行业或产业，乃至于某一具体的市场活动等私人经济的个案。

政府作为公共权力的执掌机构，其基本职能就是维持、处理社会公共事务。政府职能可以从三个方面进行分类：首先，从职能作用领域的角度看，可分为政治职能、经济职能、教育科学文化职能和其他社会职能；其次，从职能属性的角度看，可分为保卫性职能、统治性职能、管理性职能和服务性职能；最后，从职能作用方式的角度看，可分为立法职能、司法职能、行政职能和监察职能等。一般情况下，往往是从职能作用的角度来分析和研究政府职能。

政府职能的本质要求是保证全社会公平和效率的实现。公平和效率属于历史范畴，每个时代有其特定的内涵，只是在现代社会表现得更为突出

[1]朱瑞光 . 强化公共经济管理对改善民生的影响 [J]. 中国商论，2018（34）：165-166.

和强烈。公平和效率是社会健康发展的基石，公平是保障社会稳定的前提，如果一个社会不能维护公平，社会成员受到不公平待遇将无法保证工作效率，更无法提升工作效率，最终不利于社会的整体发展。但要注意的是，平均主义并不是真正的公平，平均主义会磨灭社会成员的工作热情，其进取精神也会逐渐消失，社会发展就会陷入动力不足的境况，这样的社会无法持续发展，更不可能长期维持公平。所以，以高效率为基础的高度公平才是政府职能所追求的理想目标。

政府职能随着社会变迁而不断发展，为满足社会客观要求而存在。从发展轨迹上看，政府职能的变迁经历了由简到繁的过程，利益着眼点从眼前到长远，治理方式上从人治到法治。政府职能在早期较为简单，主要是保卫性和统治性职能，以维持和稳定社会秩序为目的，采用手段也较为单一，通常是人为的强制性手段。社会的发展变化使得社会秩序出现极大改变，社会生活丰富多样的同时，社会成员间的沟通交流也日益增多，在此情况下，政府职能的侧重点和服务性职能的比重逐渐增大。从政府职能演变的过程及现状，可以判断一个国家政治、经济和文化的发展程度。

政府的职能随着社会进步和经济发展而发生变化，同时，政府自身的成熟程度和技术的允许程度也影响到政府职能的变化。当代政府的职能表现出如下特点。

（1）公共经济管理职能不断得到强化。国家传统的对公共工程的管理演化成了国家的经济管理职能。当今世界，国家的经济管理职能明显强化，恩格斯早已预见到这种趋势，并在《社会主义从空想到科学的发展》一书中写道，“无论在任何情况下，无论有或者没有托拉斯，资本主义社会的正式代表——国家终究不得不承担起对生产的领导。”

国家的公共职能还表现在对教育、文化、卫生和社会福利等方面的管理上，它们和国家经济职能一起构成了国家公共职能中比较稳定的部分。政府职能是国家职能的具体运作，亦即政府职能具体表现为政治统治职能和公共管理职能的实际运作。

政府职能在世界范围内都出现了相似的变化，即更倾向于公共管理职能，政治统治职能则相对弱化。公共管理职能中，有两部分明显发展迅速，一是经济管理职能，二是社会管理职能，其中经济管理职能对社会公众的影响较大，起到调整和管理经济环境的作用，被视为政府公共权力的代表，随着社会经济的发展，其对经济环境的调节和管理作用进一步深化。因而经济管理职能作为组成部分，是政府公共管理职能的核心组成部分。

（2）地方政府在公共经济管理中发挥更大的作用。从现实的情况看，政府公共经济管理的职能越来越多地由地方政府所承担。之所以会出现这种变化，是由于以下原因形成的。

第一，政府公共经济管理职能往往涉及社会公众的切身利益，它是具体的，而不是抽象的，因而必然是一定范围之内的社会公众的利益，也是一个地方全体公众的共同利益。围绕实现共同利益而展开的一系列活动就是公共事务，代表这种地方共同利益的公共经济管理机构就是地方政府，因此，地方政府不仅把更多地行使公共经济管理职能看作自身的重要职责，而且通过公共经济管理职能的实现获得自身独立的利益。

第二，地方政府对于本地区公众的利益要求能够更具体、更全面地掌握，实行公共经济管理职能过程中采取的各项措施才能更直接、更有效。

第三，科学技术的发达对公共经济管理的过程提出更高的要求，地方政府使这种决策分层化，从而提高决策的效率。在信息时代，日益增加的环境的复杂性和不确定性要求加快决策的速度，这种压力对公共经济管理机构形成猛烈的冲击，其结果是不堪承受的超负荷，可能对政府的稳定造成影响。解决这一问题的办法，一种是设法进一步加强中央政府，不断增加越来越多的工作人员、各种专家和计算机，以竭力争取能够应付迅速提高的复杂性；另一种是把做出决定的权力分散，使各级地方政府承担更多的责任来进行决策和管理。

目前，地方政府承担更多的对公共事务进行决策和管理的职责已经成为引人瞩目的趋势，而且也越来越多地表现出优越性。首先，地方政府更具有灵活性，能够针对本地公共事务管理中出现的新变化和新问题迅速做出反应，及时进行决策；其次，地方政府效率更高，能够以积极的态度和有效的方法推动公共经济管理的具体实施；最后，地方政府责任感更强，能够近距离地切实感受到社会公众的需要，因而往往会主动地、富于创造性地承担它的主要职能就是公共经济管理。随着社会经济的进步，公共经济管理的职责越来越多，而且越来越具体。

（3）法制化、程序化、规范化是社会发展对公共经济管理提出的要求。随着社会不断发展，公共事务的内容多而杂，范围也逐步扩大，这种情况对公共经济管理提出了新的更高的要求。公共经济管理亟待变革，尤其是在方法和体制上，变化的基本方向就是法制化和程序化以及规范化。

所谓法制化，就是利用法律法规有效管理公共经济活动，体现在两个方面：一是用法律规范公共事务，明确规定作用的范围和进行的程序；二是用法律规范公共经济管理活动，制订相关法律规定其权限和具体管理过程，使公共经济活动达到有法可依，法律的权威性和强制性特征能够保障公共经济管理顺利开展，因而，各国政府陆续制订了涉及公共经济管理的各类法律法规，并逐渐形成相互联系和相互衔接的法律体系。

一般谈到法律，总是习惯于从限制、消极、被动的方面去理解法律的作用。其实，法律既有保守的一面，也有活跃的一面；既要从限制、消极、被动这个方面去理解法律的作用，也要从促进积极和主动这个方面认识法律的作用。对于公共经济管理来说，这一点尤其重要。在公共经济管理中，必须经常及时地制订必要的法律法规，把已经成熟的内容和经验用条文的形式固定下来，再加上政府的权威，使之具有强制的效力，社会成员必须接受并且遵守共同的权利义务关系。一旦出现社会成员违反法律的规定，执法机构便可以以国家的名义，凭借国家的强制力作后盾，运用法律规定的各种手段，强制违法者履行应尽的法定义务，保证公共经济管理的顺利进行。这种在事后对违法者采取的限制作用，从表面上看来是消极的、被动的。其实不然，当法律制定与颁布以后，也就对社会公众起到积极的预防作用。

社会公众知晓法律之后，只要执法机构在实践中能够认真贯彻有法必依、执法必严、违法必究的原则，一般也就不会去破坏法律上已经确认的权利关系。显然，它所起到的就是在促进正常权利义务关系的基础上，进一步促进新的更加合理的权利义务关系的形成。在公共经济管理过程中，法律表现出来的这种促进、积极和主动的作用更加明显。

例如，社会保障就是政府和社会为了保持经济的发展和社会的稳定，对劳动者和社会成员因年老、伤残、疾病而丧失劳动能力或丧失就业，或因自然灾害和意外事故等原因面临生活困难时，通过国民收入分配和再分配提供物资帮助和公共事务，也是现今社会公共经济管理的重要内容之一。实施社会保障的基本原则是权利与义务相统一，社会保障的权利与义务是互为条件、相互依存的统一体，义务是权利的前提，权利是义务的体现。这种权利与义务的关系需要由具体法律法规予以保障，或者说，社会保障体系的建设就是在法律的基础上形成权利与义务相统一的机制。法律应规定，凡是依法经营的企业和以工资收入为主要生活来源的职工及农业劳动者都有依法缴纳社会保障基金的义务，在尽义务的前提下享受社会保障权利；社会保障基金的缴纳与给付紧密挂钩，受保人（包括企业）缴纳基金额多少和时间长短，决定基金给付的水平与期限。

所谓规范化，就是公共经济管理部门在大量调查和分析研究的基础上，依据公共经济管理总体目标和具体目标的要求，确定公共事务发展的标准和指标，这些标准和指标应体现出公共事务发展的超前性、系统性和协调性，并且尽量做到细化和量化，既起到指导的作用，又使公共经济管理落到实处。

例如，公共建筑在居民日常生活中处于重要的地位，对居民生活质量的高低有很大影响，因此，公共建筑及其用地的规划是居住区规划的重点之一。政府通过制订公共建筑规划布置的基本要求和公共服务设施控制指标，以每千人居民为计算单位。由于这是一个包含了多种影响因素的综合性指标，因此具有很高的总体控制作用。

所谓程序化，是指在公共经济管理过程中，严格按照法律法规规定的程序和手续，对公共经济管理的各项内容做出合理安排，以保证公共经济管理的合法性、公正性和有序性，提高公共经济管理的效率。

2. 现代市场经济体系中公共产品的提供

在现代市场经济体系中，公共产品的提供呈现多元化特征。公共产品的来源除政府外，还有私人企业、公共事业部门以及国际公共经济组织等。政府提供公共产品时，一般采用介入产品生产过程的方式，在此前提下，公共产品的生产过程一般具有三个相互具有一致性的特征：一是政府融资；二是政府组织管理；三是政府产权。

政府提供公共产品有以下两种基本的类型。

（1）政府直接生产。

1）中央政府直接生产。中央政府直接生产的公共产品大多具有纯公共产品的性质，主要有以下几种。

第一，国防是典型的纯公共产品，一般都由中央政府提供。

第二，基础设施，包括文教、卫生、经济、科技等领域的基础设施。比如国家图书馆、国家档案中心、社会福利机构等，这些基础设施由国家提供可以收到规模效益，也有利于整个社会的发展。

第三，国家知识创新系统，基础科学的研究和前沿科学技术的研究需要大量的投入，而且具有风险和消费的非排他性，私人一般不会进入这些行业，需要由政府提供，以增强国家的竞争力和科学技术事业的发展。

第四，大江大河的开发和利用，国土资源的保护和利用、开发和规划等。

第五，气象、消防、环境等公共服务。

对政府直接提供的公共产品还可以列举出许多，但基本的思路在于通过公共产品属性分析，公共产品成本 - 效益分析，公共产品偏好表达分析确定是否由政府提供。

2）地方政府直接生产。地方政府一般提供除全国范围或跨地区外的其他公共产品，各国各地区在公共产品提供上的做法也不尽相同。北欧各国公共产品由政府提供较多，范围涵盖比较广，崇尚古典自由主义的国家则相反，公共产品由政府提供的范围较小。其他欧洲国家大部分由地方政府提供医疗卫生、公共设施、环境资源、教育知识等公共产品。在美国，私人企业承包了大多数公共产品的生产，基础建设和义务教育仍由地方政府提供。中国除提供教育、医疗、基建、能源等公共产品外，还需要承担助力经济发展的任务，主要体现在资金和环境的提供上。

（2）政府间接生产。政府间接生产来自20世纪70年代的行政改革潮，当时许多国家出现财政问题，民众对政府的信任度下降，政府为解决面临的管理危机，掀起了“新公共管理”运动，范围扩大至整个西方世界。此次运动，政府逐步走到“掌舵”位置，运动的主旨就是在公共管理中引入市场机制，利用政府的政策和经济等手段规范市场秩序，形成一个有活力的高效运作的市场，并将私人经济纳入公共产品的生产当中。政府间接生产的方式主要有以下几种。

第一，订立协议或签合同。这是西方国家最常见的公共产品间接生产方式，与私人公司订立协议或签合同实现合作，完成公共产品的经营，一般用于基础设施和公共服务等具有垄断性的规模经济产品。政府部门一般采取公开招标的方式来选定合同承包方。最普遍的是公路的维护工作大部分由私人公司承包起来。还有如垃圾清扫、街道照明、自来水供应、桥梁维修、图书馆管理、蚊蝇控制、公园管理等。

高科技研发工作也采取这种方式。一般来说，合同签订后，政府都会给予一定的优惠政策，并规定双方违约的处罚措施。

第二，授予经营权。主要针对自然垄断行业，因其具有一定规模的经济效益，政府一般会采用委托经营方式授权给私人企业经营，通过公开招标选择私人企业，为避免其他企业自由进入垄断行业以及中标企业私自制定垄断价格，政府会对此领域采用政府规制。

在一些国家，许多公共领域都以这种方式委托私人经营，如自来水公司、电话、供电等。此外，还有很多公共项目也是由这种方式生产经营的，如电视台、广播电台、航海灯塔、电影制作、报纸、杂志、书籍等。例如，在美国，要想开办电台或电视台必须到联邦通信委员会去申请。经核准，该委员会下发执照，授权经营。未经联邦通信委员会许可，执照不得转让给任何人。

第三，政府参股。政府参股的方式有四种：收益分享债券、收购股权、国有企业经营权转让、公共参与基金。政府参股方法主要应用于桥梁、水坝、发电站、高速公路、铁路、电讯系统、港口、飞机场等领域。

第四，政府补助。面向固定行业，如教育、卫生等服务，高新科技产品研发等，因其具有的正向效应，对社会具有一定贡献，因此政府会对其实施针对性补助。根据不同情况有多种补助方式，包括津贴补助、贷款优惠、税收减免以及投资等。

科学技术是典型的公共产品。高科技开发需要足够的人力与财力，政府给予支持。对高科技资助的领域包括宇航、生物工程、计算机、机器人、电子等行业。

住宅是各国政府给予补贴的优效型公共产品。日本的补助方式是由政府用公用资金贷款来支持住宅建设。在日本，国有与公团等用公共资金建设的住宅起着相当大的作用；西欧各国主要是由政府直接进行住宅建设；美国则主要是通过税制来补贴住宅取得者，比如从所得税中扣除全部住宅贷款利息，或大幅度减免不动产所得税，对买卖房产的利润实行免税，对生活贫困者等特殊阶层优惠提供公共住宅。

另外，教育、卫生、保健、公共文化设施（图书馆、博物馆等）等也是政府补贴的一个主要的公共领域。

（三）公共经济管理主体：私企

1. 私人参与公共经济活动的形式

私人也可以参加公共经济活动，参与形式有限，具体包括与政府联合供给、与社区联合供给以及单独供给三种形式。

（1）私人与政府联合供给。根据公共产品所需，私人与政府提供不同的资源，合作提供产品。如私人植树造林防风防沙等，政府提供一定的补贴或者相应的优惠政策；或是针对某种公共产品，政府与私人签订合同协商相关事宜，政府下单私人生产，政府采购后再投放使用。生产与提供分开进行，是私人与政府联合供给的特征之一。

（2）私人与社区联合供给。结合私人和社区的不同资源，合作提供公共产品，社区提供便利条件给私人，如所需场地或优惠政策等，私人可以借此降低生产成本，完成公共产品的生产后提供给社区，或是由社区采购后提供给社区所属成员也可。

（3）私人独立供应。私人根据市场化方式完成生产，并独自完成供应流程，直接提供给消费者，获得相应收益。举例说明，私人设立的电视台、电台等采用收费方式提供服务等。

2. 私人参与公共经济活动和公共服务市场化改革

进入 20 世纪 80 年代，公共服务市场化就成了西方国家行政改革实践的核心。随着社会的发展，政府的公共服务职能也发生了转变，公共服务市场化是将市场引入公共服务中，市场的私人企业承接政府的部分公共职能，利用市场化方式提供公共服务。含义体现在三个方面：①将决策者和执行者剥离开；②公共服务提供者多元化，在竞争的环境下更好发展；③公共服务的服务对象具有更多选择权，可以在不同的提供者和不同的产品中选择。就公共服务市场化的形式而言，一般有业务合同出租、授予经营特许权、公私合作、一般消费者付费和凭单制度等。就公共服务市场化的本质而言，它是在明确政府限度的基础上，对私人企业参与公共经济活动的可能性以及在此基础上私人企业提供公共服务的合法性的承认。

总而言之，随着经济和社会主体自主性和自治程度的增加，公共服务的市场化现象已是必然趋势，私人企业也将越来越广泛地参与到公共经济活动之中，而作为公共经济活动的重要参与者，如何形成对私人企业有效的制度激励和保障，是公共经济管理面对的现实问题。

（四）公共经济管理主体：社区

社区是包括活动区域和区域内的活动主体在内的区域，具有共同的文化维系力，成员间有一定互动性。社区有多重含义：一是地域含义，如村庄、乡镇、街道等；二是成员，成员是社区的最重要组成部分；三是生产活动，社区中的成员为同样的目标或利益，或为解决所面临的问题而开展生产及其他能产生价值的活动；四是社交活动，社区成员之间的沟通交流和社交活动等。

社会和经济不断发展，社会和国家的关系也在不断变动，在公共产品的提供方面，社区也越来越多样化，不仅是形式上，在范围和领域上也不断拓展。常见的社区供应公共产品方式有以下几种。

（1）产前契约。即为公共产品尚未生产时的约定，社区成员需要某种商品，而社区暂时没有，这样的情况下，社区成员可以约定商谈，如果达到公共产品需求度则投入生产，如果未达到公共产品需求度，则放弃生产。

产前契约的达成需要一定的条件，对此，社区成员的对策主要是另寻资金来源、成员分担所需资金、成员无人投入只寻求利益。显而易见，最后一种情况会导致契约无法达成。

（2）私人管理机构。管理机构的存在主要是为提高效率，降低公共产品生产决策过程中所产生的成本。

私人管理机构往往具有自愿性、补充性、竞争性特点，并且作为一个社区自行设立的管理机构，其具有一定的排他性，是社区治理过程中非常重要的形式。自愿性，顾名思义，就是社区成员以自愿形式加入私人管理机构中，不具有强制性，不论是加入还是退出。补充性是指私人管理机构为补充已存在的政府机构提供公共产品。竞争性则是相对于政府而言，私人管理机构由于种种原因，所提供的公共产品成本更低，具有更强的竞争性。排他性与自愿性原则息息相关，公共产品由私人管理机构提供，因此获益者也仅限于机构成员。

私人管理机构的组成一般有两种：一是居民社会团体，通常由业主或住户组成；二是社区企业促进联合体。通常由存在于社区中的生产商组成。二者作为公共产品的提供者，都与政府有竞争性关系，并且仅为社区成员提供公共产品。

（3）自愿供给。这是另一种公共产品提供形式，主要来源于社区中的成员，供给内容主要有两方面：时间和金钱。

自愿供给与社区文化有很强的相关性。社区文化是长期以来形成的一种精神形态，能够影响社区成员的行为、价值观以及心理等方面。社区文化通常具有一致性，如利己主义和利他主义。不同形态的社区文化对社区的公共产品需求情况有一定影响，社区是否能实现公共产品提供的高效性，减少公共产品无故消耗均与此相关。

（五）公共经济管理主体的行为特性

1. 公共经济管理的行为程序性

在现代社会中，组织是最重要的构成要素，人们总是加入一定的组织而联结成特定的社会群体。政府就是最重要的组织体系。政府管理公共事务最直接的体现就是各种公共政策的制订和实行，以平衡不同地区、不同群体的利益，使大部分社会公众的利益得到实现和保护。政府管理公共事务必须遵循一定的程序。

（1）具体的招待人员，也就是公共管理者必须通过一定的合法程序产生，如直接选举、上级任命等。各级公共行政长官中一般第一首长是经过权力机构（如人代会）直接选举产生的，副首长有的是直接选举产生，有的则是任命，还有的是第一首长提名经权力机构批准任命而产生。各国行政法、组织法等法律条文中公共行政部门的组织人员产生有明确规定。

（2）公共事务的核心内容是各种涉及社区共同利益的重大项目的立项、论证和实施与评估。这些社会项目必须经过一定的行政领导集体甚至权力机构批准才能付诸实践。

（3）公共经济管理者产生和公共项目确立之后还要受到一定的社会监督。也就是说，公共经济管理者的公共经济管理行为不能是完全独立的，离不开一定的约束机制，因此，不管分权是否明显实际上都存在着“三权分离”的事实。这样，公共经济管理者在管理公共事务时必然受到立法权、执行权与监督权的相互制约。但是，在公共经济管理的不同层次上，公共事务的权责关系状况及其具体内容是各不相同的，必须区别对待。

2. 公共经济管理的行为层次性

在任何一级（无论中央，还是地方）公共经济管理机构中都存在着高级管理层与中低级管理层之间的差异。公共经济管理者的不同权责状况及其相应的地位所产生的影响大小各不相同，这些决定着他们在政府机构中各自应该管理的公共事务内容也相差很大。

（1）高层管理者通常都是选举产生的，他们不像中低层管理者那样是“真正的”直接管理人员，但他们的任期往往较稳定，并由一定的法律或组织章程所规定，而中低层管理者较多变，并且任期不定，取决于其政绩和高层管理者对其依赖程度。高层管理者在公共政策决策、管理权力等方面有更多的优先地位，并对公共经济管理项目实施负最后责任。所以，他们常常是公共经济管理的焦点和中心[1]。

（2）从公共经济管理的角度看，高层管理者的职能主要是：①与各种相关公众保持良好的关系，比如社区、雇员、下属机构等；②影响主要的政策决策；③与各种权力机构（如中华人民共和国全国人民代表大会）保持良好关系；④与各种利益集团保持良好关系；⑤在特殊情况下动员公众支持，尤其是政府内部各部门的支持；⑥控制所辖机构或部门的预算开支；⑦掌握组织人事权、职责分工权、决策权等；⑧指导机构内部各种资源的分配；⑨解决各种冲突、平衡各种矛盾；⑩根据公众需要和意见，不断改变组织的运行目标和状态等。总之，高层管理者在公共事务管理中起着十分重要的作用，他们指挥着整个机构的运转。他们通过与中低层管理者的相互作用和交流沟通而使公共经济管理有条不紊地进行。

（3）中低层管理人员与高层管理人员不同，他们直接同公众发生关系，因此他们是管理行为的实际操作者，中低层管理人员不是专注于机构的整体调控，而是日常活动的现实参与者，是真正的公共服务员。无论中央还是地方，这部分人是公共经济管理的主导力量，人数也与公共经济管理人员的绝大多数。

中层管理人员位于高低层之间，主要负责传达上级的命令、决定和指导方针，并把基层所遇到的问题、观点、意见和建议传递给上层。由于多数情况下，公共经济管理的具体实施需要靠中层管理人员去解释、宣传政策，进行动员、协调，这就要求中层管理者必须熟知各种政策、法规，了解机构的运行程序和组织状况，善于控制各种人力资源和物质资源。中层管理者有时候协助高层管理者制订政策，但他们更加关心政策的结果，而不是宏观或整体的机构运行，而且他们无须对结果负全部责任。所以，他们在公共经济管理中是处于从属地位的，其职能主要有：①项目计划的拟订；②操作过程的指挥和领导；③确立各种操作标准；④贯彻高层管理者

[1]孙钰，崔寅，冯延超．城市公共交通基础设施的经济、社会与环境效益协调发展评价[J].经济与管理评论，2019（6）：122-135.

制订的各种规定、条文；⑤对人事、设备、物资、工作环境直接管理（指挥、协调）；⑥监督日常事务的正常进行。

低层（或基层）公共经济管理人员主要协助中层管理者，他们有时候被称为第一线管理人员（或指挥者），如一个部门、一个科室、一个项目的直接领导者。其职责有很大的局限性，但他们是最熟悉中层管理者所下达的任务的人，并领导一定的工作集体去完成这一任务。所以，他们既要有过硬的技术本领，又要有良好的人际关系技巧，还必须领悟其所在基层应做的工作。他们并不一定是专家，而只要求他们有足够的技术本领去完成相应的工作。从个性方面来看，基层管理者必须要善于与人相处、情绪稳定、正直善良、坚忍不拔、有高度的工作热情等。

为了明确公共经济管理中的权责关系，必须建立一整套完善的管理规范，使之制度化、条理化。这种管理规范之所以是必要的，是因为：①良好管理本身的要求。通过规范，可以使组织内部的竞争有序化，使信息畅通，从而更好地完成预定目标；②有助于理顺各级管理者之间的关系。一旦确立了完善的管理规范，高级管理人才无须经常干预下属的行为。“有限干预”的原则是公共经济管理中非常重要的原则。一旦目标确定，只要下属合乎规范地完成目标即可，而不必再需要上级的每天过问；③从中下层管理人员的心理来看，他们往往只愿意向上司报告好消息，而不愿报告坏消息。如果有了规范，就可以通过良好的信息通道了解到更真实的信息。

二、公共经济管理机构的职能

公共经济管理机构是政府经济和社会政策贯彻实施的职能机构。关于这一管理机构的基本职能，可以分为以下四方面。

（一）公共经济管理机构的计划职能

计划是所有管理机构的首要职能。计划包括两层含义：一是制订目标和为实现这些目标而必须做出的种种选择；二是在一定的法律法规范围内，舍弃某些选择，制订系统的工作程序。根据不同的侧重面，对计划的定义有以下 8 种。

（1）计划是目标的确立和各种限制条件的评价过程，即“三思而后行”。

（2）计划是为具体行为制订特定的目标，以及实现这些目标的手段。

（3）从广义上讲，计划是制订政府机构在未来一段时间内要实施的目标，为实现这些目标选择最佳的方案和路径。

（4）计划是为达到既定目标，对某些机构的行为所做的必要协调。

（5）计划就是使预计要发生的事情变为现实。

（6）计划就是试图预测未来将要发生的事情，为此而制订种种措施以防止意料不到的变化。

（7）计划意味着已经预见未来将要发生的事情，对当前做出必要的安排，以和这种预见相一致。

（8）计划是有关选择方案的评估，以及为实现这些方案所采取的手段。

综上所述，所有定义均强调三个重要方面：未来、备选方案和理性选择。这就是计划的要素。

衡量一个计划的优劣标准是，它必须简明扼要地陈述清晰而明确的目标，并包含所有的行为过程；计划应该具有一定的灵活性，以针对意料不到的事件的发生而对其做必要地调整；为一些难以确定的因素保留必要的灵活性；允许经常性的可行性监督检查；已经传达至每一个有关的人员；具有与所制订的目标相符的资源。可以将这些标准概括为：整体性、连续性、灵活性和准确性。

1. 制订计划的重要性

公共经济管理需要制订计划，制订计划对完成工作具有积极意义：一方面可以排除外界干扰，不受事物变化的影响；另一方面可以提前确认和细化目标。通过计划，管理者也有了衡量工作完成度的依据。目标的确立能够有效合理地利用资源，投入到恰当的位置为达成目标而服务。对管理者而言，也可以从中获得领导或组织某项管理工作的自信。

好的计划能够规范工作行为，使不同的部门能够与政府方向一致，并且实现自检。各部门提前提出计划，能够相互对照、互通有无、及时调整，使各部门的工作得以更加合理开展，协调一致提高效率。对于管理者而言，计划能够用来规范下属工作，可以作为衡量、评判下属工作的工具。

2. 制订计划的前提与步骤

计划往往根据既定目标来制订，主要是对政策的细分，为实现目标而制订。计划制订有三方面内容：①确立目标，明确细分到自身职责有哪些；②为关键职位安排合适人选；③为实现目标制订行为规范。

制订计划需要与不同社会成员甚至利益集团沟通和谈判，因此需要由较高层级的管理人员来完成。为保证计划的有效性及合理性，制订过程必须要遵循一定的步骤，主要有四个：①确立目标及其类型；②调查评估，对现实状况有足够的了解；③制订多套方案，预留备选方案；④从所制订的方案中选取最适合的实践。

3. 计划的类型划分

在公共经济管理的计划中，长期计划和短期计划是两种主要的方式。所谓长期和短期是相对而言的，不同的情况下差别较大。一般说来，三年或三年以上者为长期计划。

（1）长期计划。准确说来，长期计划是指导管理性计划的计划。必须在充分考虑诸多因素的前提下做出，这些因素是：①明确目标，了解哪些是必须做的；②对当前本部门运行状况进行自我评估，了解自身处在哪个位置上；③和其他方案进行比较，了解相近的部门当前的状况；④了解哪些方案是可行的；⑤决定采用何种路径；⑥决定由何人来承担，并排出工作日程表；⑦设计反馈和评估方案，及时了解实施的效果。

（2）短期计划。短期计划是与公共事务关系最为密切的一种计划形式，通常是长期计划中的一部分，计划时限一般为一年或更短，其作用是将大的、长期的计划分解为很多小的目标。如果说高级管理人员主要在长期计划中发挥作用的话，那么中低级管理人员就是短期计划的具体实施者。制订短期计划也同样要考虑前述的7种因素，所不同的是它更着重于过程的实施。

在公共经济管理中，最常用的短期计划莫过于年度财政预算的编制了。预算不仅是一个最终计划，而且计划中每一件事都必须经过授权方可施行，并都是具体地和资金打交道。

（二）公共经济管理机构的组织职能

组织职能在不同层面上具有不同含义，从公共经济管理者的贡献按不同层面上看，主要有两个：一是高级管理者对管理工作的贡献，主要体现在宏观目标的管理，称其为组织；二是中低层管理者的管理贡献，是在宏观目标基础上对其细分，称其为重组。为了阐述的方便，在大多数情况下，均使用“组织”一词。

从本质上讲，组织是为了某一特定目标而对权力所做的组合过程，目的是将国家、城市、城镇和城市内的行政区的权力集中起来，以实现依靠单个地方政府的力量所不能达到的目标。例如，交通设施的建设和空气污染的治理也需要政府和社会方方面面力量的共同努力。换言之，为了有效地实现某一公共经济管理目标，对某一机构或主管部门进行权力的重新组合，或建立新的政府机构；再如，成立地区性摩托车注册办公室以对摩托车进行有效的管理，就是这方面的例子。在一般情况下，组织需要较高的权力成本。

1. 组织者

对公共经济管理机构的授权是需要法律依据的。但是事实上，要求授权的原因是来自不同的利益集团和变化着的外部环境对立法机构的不同要求。在美国，当工会或妇女组织等某些利益集团向国会或州政府施加压力的时候，通常意味着他们要求对相关的公共政策做某种修正。例如，当能源危机发生时，许多州就会根据公众的要求将政府对能源的管理从公共事业委员会中分离出来。当然在考虑公众的这些要求之前，权力部门会向上级汇报，咨询这种结构安排的可行性。如果所涉及的问题技术性较强，那么高级管理人员就会和中低级管理人员一起，从实际操作的角度就这种结构变动进行探讨。

2. 组织的类型

公共经济管理有很多种组织的类型，以下面两种类型为主。

（1）根据公共经济管理中心目标制订的组织形式。这些中心目标包括医疗保健、教育、征税等。教育系统包括小学、中学和中等专业学校等。医疗保健则包括急诊、门诊、医院和长期保健部门。

为了一定的公共目的而兴办项目，通常很容易得到公众的理解和支持。这是因为这些项目将创造更多的就业机会，从管理者到专业人才都将大量需要。在这种组织方式中，如果说会有什么麻烦的话，那么主要的麻烦就是某些公共目标之间的明确区分。例如，当医疗保健部门考虑开办上门就医业务时，他们还不得不考虑诸如水质、卫生、停车等方面的问题，它们是和上门就医密切相关的。

（2）政府根据办事程序而制订的组织形式。建筑工程的申请和施工、诉讼案件的办理均须按照一定的程序来进行，并要调动工程师、律师等专业人员组成必要的组织机构。这样的组织机构的优点是它们汇集了大量的专业人员。相比起分散在不同的部门、组织里，这些集中起来的专业人员可以为公众提供更好地服务。当然，由这些组织来出面招聘专业人员，所达到的质量也会更高。但是，根据办事程序来设立组织机构则不那么容易得到公众的理解。由于专业人员人才济济，这些部门的人均工资成本一般都比较高。

（3）根据地域而设立的组织机构。政府为了有效处理公共事务，会根据地域的需要设置管理机构，其好处在于：①便于当地公众的参与；②可根据当地实际情况对工作程序做出必要的调整；③有助于对公共事务的快速反应，如若治安警察和消防部门设置合理，有意外发生时，警察和消防人员就可以迅速赶到现场进行处理。

政府设立这样的组织机构也同样有难言之处，困难在于对服务质量的一视同仁上。总有一些社区接受相对好的服务，另一些社区的服务则相对差些。为了满足公众一视同仁的要求，所付出的协调成本是相当高的。

值得一提的是，这些组织形式设置并没有明显的界线。以医疗保健为例，有关管理机构的设置既是依据一定的工作流程，也是面对一定的服务对象，当然地域因素也是不能忽视的。但是，总的出发点都是为了一定的公共目标。

3. 高级管理层组织

在设立一个新的组织之前，高级管理人员需要权衡这个机构对实现公共目标的作用。在组织形成过程中，至少要考虑三个问题：第一，所设立的组织必须发挥相应的作用，与中心目标相一致；第二，减少机构内部、机构和机构之间的摩擦。新的组织机构的设立只能有助于工作的开展而不能起阻碍作用。高级管理人员的职责是着眼于设立并维护新的组织以处理社会公共事务，并使技术程序、正式的政策法规和文书程序按组织运行的要求组成一个密不可分的整体；第三，必须协调组织各部门和外部各个集团之间的关系；在变动过程中，充分考虑稳定的因素；发扬成绩和不断创新相结合；目标实现和公众利益的实现相结合。

4. 中低级管理层重组

组织向下级延伸，进入正式运行，实质上是一个重组的过程。在这一过程中，起主要作用的是中低级管理层。从广义上来说，就是把具体操作者的工作和组织的目标联系起来，操作者的工作直接向公众提供管理和服务，组织的目标则已经体现在总体工作计划中。这种联系过程就自然包括了重组的成分。从字面上来看，重组意指对组织机构作用比较大的、非经常性的变动，但是本书中重组指的是中低级管理层在组织中的作用。

高级管理层站在本系统的高度上考虑问题，而中低级管理层则着眼于实现一个个已经分解了的具体目标和日常工作。它包括两个过程：一是将一个大的目标分解为众多小的目标，以发挥专业聚集的作用；二是努力将这些小的目标联系起来，以产生协作效应（这种协作效应大于单个个体效应的简单之和）。由于需要专业化，同时又要保持组织的协作性，因此中低级管理层在努力使自身的工作紧扣高级管理层制订的中心工作的时候，就必须不断进行重组。

（三）公共经济管理机构的协调职能

协调是公共经济管理的主要职能之一。在日常管理中，把众多的机构、部门组织起来是很经常的事情。特别是当公共经济管理服务项目的增加或削减及规章制度发生变化的时候，组织协调工作显得更加重要。简单而言，协调就是根据一定的时间、数量和质量要求向公众提供最佳服务。

协调之所以在公共经济管理中具有很高的地位，其原因就在于：第一，要执行任何一项公共政策并使其获得成效，必须调动和组织各个方面力量；第二，当一个机构为了某一政策的实施而要求另一个机构的协调时，通常意味着另一个机构已经事先了解该政策；第三，每一个组织必须克服由其成员带来的、不利完成所分配任务的离心作用。

1. 协调的功能

在公共经济管理中，协调是一个比较宽泛的定义。最具有代表性的是：协调是为了一定的共同目标，对个人行为进行连续性规范、调节的过程；协调就是调节各主体的利益关系，使其根据一定的时间要求及时运行起来，为管理目标的实现做出最大的贡献；协调就是为了某一个目标，在一个群体运动中将不同的力量组合起来，是在管理中各个主体功能的有机组合；协调是管理功能、行为和动作的构造、统一、调和和整合过程。

总之，在公共经济管理中协调的定义主要说明一些问题：执行政策的人和最终结果、部门和个体之间和谐的组合、统一和整合等。在一定程度上，协调的诸多定义同时说明了其功能的多样性。例如，在一个机构内部，协调的功能就可以概括为：建立沟通渠道和杜绝有悖于实现整体目标的管理行为。

协调中的沟通是连接人的行为和管理目标的桥梁，它主要由中低级管理层来实现。在很大程度上，沟通是通过提高机构内部的信息有效交流来实现的，其原因有三方面：①由于时间的关系，决策层往往忽略了在他们所下达的指示或所采取的行动中与整体脱节的地方；②高层管理的指示经常是在匆忙中下达的，如通过电话、个人交谈甚至通过一纸信笺等，缺乏必要的交流；③专业人员大都以完成本职工作为目的，很少考虑如何将他们的工作纳入整体目标中。

因此，管理人员需要经常在人们的日常管理工作和所预期的目标之间实现沟通。那种认为通过任务书或组织制度就可以自动实现沟通的想法是不现实的。

有悖于整体目标的行为通常称作“管理脱节”，意指工作程序的相互背离，这是协调工作中的重点和难点。在任何级别的管理机构中，内部管理行为都是围绕着不同的目标来进行的。例如，在一个机关内部，高级管理人员因事务繁忙，总是需要预约才能与其见面；为报销差旅费需要收集所有正规发票；或为了完成某项工作，需要花费大量的时间提前准备有关仪器设备等。这些为了适应不同需要的工作程序，或多或少已经成为提高效率、实现公共经济管理目标的障碍。

2. 高级管理层协调

在现代公共经济管理中，协调已为各管理层所广泛重视。总体看来，高级管理层主要是在协调外部环境和本部门内部构筑协调机制方面发挥作用。其主要机构是协调委员会。

协调委员会能行使外部协调和内部协调双重职能。对很多公共经济管理机构来说，该委员会的权力是由法律赋予的，以在各种利益集团之间进行有效干预。这个委员会是由顶头上司指定的两个或两个以上的人组成的，当对某事的处理已经明显超出了上级负责人的能力范围的时候，该委员会负责向其上级提供决策咨询，或在管理工作中直接扮演上级的角色。

总体而言，为高级管理层服务的协调委员会在行使职能时需要注意一些相关的问题，如在所有成员中贯彻本部门的整体要求，形成沟通意识；经常、及时地从上级获取新的工作安排和进展；争取职员和各业务主管对委员会工作的理解和支持；提醒下级业务主管留心上级关心的其他事务等。

3. 中低级管理层协调

中低级管理层处在高级管理层和具体操作者的中间层次，它的协调功能也就定位于此，即主要在政策实施过程中发挥作用。通过立法部门制定的政策一般是妥协之策，因而目标不可能定得很清楚，仅仅是方向性的，甚至是隐含在政策中的。所以，高层管理就需要寻找一种方式，将这些抽象的政策转换成实实在在的措施和工作步骤。这就需要中低级管理经常接受一些自身不甚明了的，甚至是自相矛盾的任务，因为协调就是一门艺术，它要求将有利害冲突的集团和个人联合起来，需要用一些高级管理层所惯用的办法，如派出代表、沟通、成立协调委员会等。但是也有一些手段是中低级管理层所特有的，通过项目管理和契约监督进行协调就是其中的两种。

（1）通过项目管理进行协调。在公共管理中，由于常常出现各部门的行为和公共目标相背离，也存在需要对各种资源、要素进行配置问题，这就是协调。例如，在兴建公益性项目（如建造医院、修筑公路等）时，中级管理人员进行项目管理，充当项目经理的角色。他们的工作主要是：①设定目标。将各方分散的、低层次的要求组合起来，形成能为各方所乐于接受的公益性项目；②机构设计。将项目的各个部分分解给不同的部门负责实施，但保持各部分的整体性、协调性；③信息交流。对来自各方面的信息进行鉴别、监控；④建立激励机制。使承担各个部分工作的部门尽心尽力，各司其职；⑤进行战略决策。根据目标，优化决策方案；⑥修正。根据需要，对人力和物质资源进行合理配置。

（2）通过对契约履行状况的监督进行协调。在大多数西方国家，公益事业、人力资源服务、住房建设、医疗保健、劳动力资源的开发等均以合约的形式委托给私人经营，也就是所谓的国有民营，中低级管理人员就是这种合约的监督者。本着维护公共利益的原则，他们需要具备有关合约内容、合约实施步骤、合约类型等方面的业务知识，并努力成为这方面的专家。具体而言，他们在合约执行过程中所要做的工作是：①在项目进行过程中充当政府的代表；②不能妨碍合约的履行（现场调查、与施工单位见面、向政府提交评估报告等）；③从各方面给予必要的协助，如信息、协助解决问题、审批等；④和使用该项目的公众广泛接触，倾听他们的意见；⑤经常提供项目进展报告，在工程结束后严把质量验收关。

综上所述，中低级管理层在公共经济管理的协调中所起的作用可概括为：①中级管理人员常常希望将协调的任务再进一步下放给低级管理者；②协调工作是日常性的业务，耗时较多，但仍应积极主动去完成；③在部门内，协调工作既有横向的，又有纵向的，中低级管理人员在其中扮演着受政府委托的角色；④职代会仍然是一个起着重要作用的组织形式；⑤协调是政府委托的另外一个方面，它将早期的计划和最终的成果结合起来；⑥合约的签订在一定程度上转移了工作的责任，相应提高了协调和控制在部门内的作用。

（四）公共经济管理机构的控制职能

1. 控制的作用

控制需要权力的支撑，主要发挥规范和引导作用，在部门内部使用率较高，是为实现目标而实施的行为，可根据目标和过程中突发事件的影响而随时调整，并不是简单地投入既定要素。

有人将控制比喻为房间内的温度调节器。调温器本身不是热源或冷源，它只是起着调节温度的作用。当房间里的温度偏离设定值时，调温器便会启动火炉或制冷器，使温度调回到设定值。

控制系统的制定和实施是分开进行的，高层管理者负责设计和制订，中低层管理者负责实施。中低层管理者在执行中的重要性不可替代，因此由于各种原因需要对其进行调整时，不能通过施加压力实现，控制系统的作用渠道所要达成的目标是实现顺利沟通和构建合理的领导机制。在高层管理来看，需要通过下属来传达、实现他们的控制目的，并在处理问题时，赋予其相当的灵活性。因为当接到上司的指示时，他们需要将其扩展、细分，然后再逐一付诸实施。

控制用于检查结果，目的是确保实践过程中的管理行为以及所有程序与既定步骤相符合。控制在实现目标的过程中具有非常重要的作用，能够激励计划的制订，并且提高组织能力和信息传达效率，促进协调一致。

2. 高层管理层的控制

政治地位是政府高级官员和高层管理行使控制权力的基础。高层管理层控制中的政治在两方面起作用：一是在机构运行的外部环境；二是在组织机构内部。政治的作用是举足轻重的，这与中级管理层相比具有很鲜明的特征。

（1）外部控制。一个机构的控制系统是由法律来规定的。它规定设立该机构的目的，界定高层管理的权力，决定哪些权力可以对外或向下属授权。高层管理要从大量法律条款中明了他们行使控制的权力，他们需要经常从立法官员和不同的利益集团那里探听消息，以及时了解政府对他们的授权有何变动。此外，他们要和对他们的工作可能有影响的部门（如预算、财政、评估等）保持联系。这样做的目的就是要准确获知来自外部的因素对他们行使的控制权力（范围、程度）的影响。其中，来自不同利益集团的影响甚大，它往往为人们所忽视。

高层管理层总是在本部门与授权机构之间充当看护作用，以准确理解权力授予的内容和范围，避免因授权不当反而给自身造成被动的局面。

（2）内部控制。部门内部的控制程序反映了高层管理者行使控制权力的意志。它要求高级管理层必须先准确把握如何以及在哪种范围内行使自身的控制权力。

高层管理的基本控制权有以下几方面内容：①正式的指令组合；②对下属完成工作程度有一定的把控；③时刻根据最终目标对过程进行调整；④及时修正行为和目标；⑤保证新的指令与目标相契合。

3. 中、初级管理层的控制

中低层级管理者主要执行任务，他们工作的重点是控制执行结果。完成上级指令，依照高层管理者制订的目标和标准时刻对照检查，保证执行结果与目标相符。根据实际情况指导具体操作者，事前制订的执行方式仅为参考，如果经过对照考量，认为执行结果不能达到预期目的，可以考虑干预具体操作环节。这里所说的“考虑”指的是管理人员必须考虑自身有无能力解除执行者为改变他们的工作方案所产生的抵触。因为不管对哪一级领导来说，了解下属的反应、倾听他们的呼声都是至关重要的。

中低级管理人员在管理控制系统内行使其控制职能，他们发挥作用的主要途径是充分使用被授予的权力。

第三节 新常态下公共经济管理创新

随着粗放式增长经济的转型，我国经济发展渐渐趋于稳定，并将目标由高速增长转向为高质量增长，朝着健康可持续发展的方向稳步前进。发展高质量经济，不仅要利用相关的经济手段和方法，还需要国家政策的管理和引导。因此，持续创新，优化组织管理结构，推进政府转型，能够促进和加快经济的高质量增长，并为经济高质量增长提高基础和保障。

一、以法治规范为导向，提高公共管理创新水平

首先，以法治管理为基础，只有不断提高人民的法制意识，提高政府的服务功能和法治能力，实现管理过程有法可依、依法行政，才能更好地促进经济高质量的发展和成果的转化。

其次，加强行政管理制度的创新，以依法、责任、阳光行政为基本要求，逐步建立起一套完善的，包含程序、规则、制度等的创新性行政管理机制。创建优质的行政制度服务体系，实现公平、平等、自由的社会环境。

最后，加强创新过程中的风险监控和预测管理，提高突发性事件处理能力，避免随机性事物破坏创新计划的实施。因此，政府制度、政策要做好可行性和效果分析，并考量人民群众的心理接受能力和承受范围，只有基于这样的基础，才能保证管理创新的成功，同时以创新促进管理水平的提升。

二、营造优良的创新政策环境

创新引领发展是我国经济高质量发展的重要阶段。创新是第一生产力，我国将创新摆在首位，提出了创新、开放、共享的生态发展理念。因此，经济的高质量发展、创新的热情离不开良好的创新环境。政府要加强政策引导，完善相关法律法规，让经济发展做到有法可循、有法可依，获得稳步、健康的发展。政府不仅要在政策方面保护、奖励农业发展，也要扶持发展新兴行业，做到全面、统一，完善市场经济体系，为经济的高质量发展提供保障。

三、扩大公共管理参与主体

第一，让更多主体参与到公共管理中。在发挥政府作用的同时，让非政府组织也参与到公共管理中。除了管理职能，单从经济方面来看，非政府组织更擅长成本的控制及资源的合理配置和优化，如其利用组织公益活动等方式，让更多资金和社会力量参与到公共事业中，这在一定程度上减轻了政府的经济负担和财政压力。

第二，调整政府的作用和管理职能。多主体参与的公共管理，在减轻政府压力的同时，也在一定程度上削减了政府职能，但这是社会发展的必经之路，政府职能的实现要以提高社会效益为基础，其管理方式和结构调

整都是根据社会的发展变化而不断变化的。尤其以市场经济为主体的经济体系，政府更应减少干预，遵循市场发展的自行规律。

第三，更大地发挥非政府组织的管理作用。政府组织通过带头作用，创新管理职能，以政策为引导，带动公众共同参与管理，加强组织协调和中介服务建设，建立与非政府组织及其他社会主体的合作关系，促进资源的合理配置和优化，共同解决经济发展过程中出现的环境破坏、气候变暖、水质污染等问题。因此，要充分认识非政府组织的重要性并在实际过程中发挥其作用，需要转变原有的管理模式和方法，创新管理机制，建立公共管理和服务体制，让更多社会力量参与到管理中来，形成除了政府组织，还有多个社会主体共同参与管理的新格局。

四、创新公共管理理念

理念是行动的指挥棒，任何创新活动的产生必先以理念创新为前提，公共管理也不例外，在发展高质量经济的形式下，公共管理的理念主要包含以下三个方面。

首先，坚持以人为本。经济发展由初级阶段向高级阶段的转变，要求人类生产发展的目标也要由追求物质需求转变为追求人的价值的实现，以人为本的理念便体现了这一点。因为，发展的目的便是实现人的自由，所以，要建立公平、自由、平等的社会价值观，以满足人的全面发展。

其次，一切以服务为中心。管理者因为手握管理权力，要改变原有高高在上被动服务或根本不服务的思维方式，主动服务于社会公众，切身为人民群众办实事，办好事。建立一切以服务为中心的管理理念，以服务促进经济的增长，同时以经济的增长带动服务体系的完善。

最后，以高质量经济增长为首要目标。社会的不断发展和进步对经济的发展也提出了新的要求和目标，在提高物质需求的同时，经济发展更应该注重其自身质量的增长。因此，管理者也要转变经济发展模式，创新管理思维，设立新目标，在发展的同时，以质量型增长为管理理念，保证人与环境的和谐相处，促进社会的稳定健康和可持续发展。

五、转变治理方式，健全创新管理体制

通过创新管理体制，让非政府组织参与社会治理，不仅可以降低政府和市场的运行成本，而且有利于政府政策改革和职能的转变，推进高质量经济的发展，实现资源的合理配置。以下两个方面将简单阐述管理体制创新的方式方法。

（1）以市场经济为主体，自由竞争，优胜劣汰。依据市场发展规律，优化资源配置，让社会公众共同参与，共同监督，公开各项事务的处理和权力的运行，建立做到各部门既分工协作又各行其职的监督协调机制，在降低成本的同时又提高效率。

（2）建立健全评估机制。在经济不断发展的背景下，社会需求日益变化，评估分析社会需求的成本与预测效果收益的差距，有利于促进高质量经济的发展与创新制度的紧密结合及协调统一。

创新管理机制是经济高质量增长的基础，同时，制度创新也是市场经济顺利发展的保障。只要以高质量经济发展为目标，营造良好、创新的环境，建立健全公共管理创新机制，在党和国家的领导下，就一定能推进我国经济的全面、协调发展。

第五章　农业经济创新建设与管理实践

农业自古以来就是人们生产与生活不可分割的一部分，不仅为人们的生存提供了丰富的物质保障，是人们赖以生存之根本，而且对经济的发展起到促进作用。本章主要探讨农业自然资源管理与相关法律发展、农业市场营销管理以及新农村建设下农业经济管理实践。

第一节　农业自然资源管理与相关法律发展

一、农业自然资源管理

（一）农业自然资源内容、特性与分类

1. 农业自然资源的内容

农业自然资源是根据一定的经济条件和生产力发展状况，自然界中可以应用于农业生产的有关资源和环境因素的总称。它包括以下内容。

（1）气候资源。气候资源是指太阳辐射以及产生的温度和降水等因素构成的特定组合。其中，太阳辐射是最主要的用于农业生产的资源，植物生长需要通过太阳能进行光合作用。水是所有生物维持生命的重要物质，也是合成有机物的必需原料。陆地上存在的水主要由自然降水形成。温度对于一切生物的生长起着重要作用，在合适的太阳光照、肥料和水分条件下，在一定温度范围内植物的生长和温度成正比。所以，气候条件在某种程度上影响着农业生产的产品结构、布局、品质以及产量。农业气候资源一般使用气象要素值表示，这些气象要素值代表一定的农业意义[1]。

（2）水资源。水资源用于人类生活和农业生产，它包含的可溶性盐

[1]王培志．农业经济管理[M]．济南：山东人民出版社，2016.

类较少，不含有毒物质，通常意义上的水资源一般指能够实现逐年更新的淡水资源，并且是一种动态资源，主要由土壤水、地表水和地下水组成，大气降水作为补给水源。地表水由湖泊、河川、沟渠中的水或流动的水组成，通常用径流量或者径深表示。土壤水包括土壤吸收的水以及土壤毛管水。地下水包括保存在地壳岩石或者土壤缝隙里面能够用于人类应用的水。水资源既是农业生产必须资源，也是造成洪水、盐渍等灾害的根本原因。

（3）土地资源。土地资源是指可以供生物生长繁殖的陆地表层，主要由内陆水域组成，但是不含海域部分。土地包括非农业用地，也包括已经很难利用或者不能使用的沙漠、戈壁、常年积雪的冰川、裸露石头的山地以及沼泽等。随着经济的快速发展和科技的进步，原先很难利用的土地逐渐得到改善而应用于生产农作物。

（4）生物资源。生物资源是指能够用于农业生产和经营的植物、动物以及微生物等，也包括人工培养的动植物、微生物等，这些都属于生物资源范围。生物资源包含以下资源：①森林资源，是指由人工种植或天然生成的林木资源。②草地资源，是指由草地植被组成的资源以及由此产生的生产力。③水产资源，是指生活在水资源中的各种经济生物。④野生生物资源，是指能够用于捕捞、挖采的具有药用价值的植物、菌类以及动物等。⑤稀有生物资源，是指有着一定科研价值和文化价值的动植物。⑥天敌资源，是指能够为农业生产带来益处的昆虫、鸟类以及微生物等。

农业自然资源对于人类来说非常重要，它是人类生活的基础。合理开发利用这些资源的特点、状况以及潜力，对于促进农业生产有着非常重要的意义，也可以进一步推动环境保护工作，振兴国民经济。

2. 农业自然资源的特性

农业自然资源作为农业生产必不可少的要素条件，与其他工农业生产要素相比，有其自身独有的一些特性。

（1）整体性。自然界中各种农业自然资源并不是孤立存在的，而是相互联系与制约，构成和谐一致的整体。例如，在水和温度适宜的环境中产生了相应的土壤，以此为基础就会有动物和植物以及微生物在此繁衍生息。同时一种农业资源发生了变化，就会导致其他资源发生相应的改变和这些资源整体的改变。例如，原始森林遭到损坏就会导致气候、水土以及生物群落产生相应改变，如此就改变了原有生态系统的性质而变为其他形式的生态类型。

（2）地域性。因为太阳和地球之间的距离、位置以及它们各自的运动特点，再加上地球不同的地理状况特征，所以地球不同地方的水和温度也不相同，这就会导致农业资源呈现出明显的地域特性。处于不同的地理位置如南部和北部、东部与西部、山地与平原，农业资源的条件、数量、性质、质量以及它们之间的组合有着明显区别，即使同处一个地区，由于旱地与水田、山坡与平地以及阳坡和阴坡的不同，它们所呈现出的生态特点也不相同。严格来讲，不同位置的农业资源只有相似性，而没有完全相同的地区。

（3）可更新性。石油以及矿产等资源会随着人们的不断开发逐渐减少，但是农业自然资源却呈现出能够更新、可以循环的特点，如土壤的肥力能够随着时间的延长而得以恢复，生物的繁衍与死亡、水资源的循环式发展、气候随着季节的变化而有规律地变化着。这些更新与循环有时会出现人类干预的情况，从而影响其运动过程，原有的生态系统随之被破坏。如果这些人为干预措施是正常而合理的，那么就可能重新建立生态平衡系统，这样就实现了农业资源能够周而复始以良好的运动方式建立新的生态平衡。反之，则会形成恶性循环，破坏生态平衡。

尤其是农业自然资源虽然绝大部分属于可更新的，但都相对比较稀缺，如果需求和消耗大于农业自然资源的更新再生能力时，就会出现供需的不平衡，导致农业自然资源的更新再生能力衰退，甚至逐渐枯竭。因此，应该珍惜和保护各种农业自然资源，提高综合利用率和产出效率，保持和提升农业自然资源的更新再生能力。

（4）可培育性。各种农业自然资源都是自然形成的，无法通过人类的生产活动来创造。人类虽然不能创造农业自然资源，却可以采取各种条件和技术措施，对农业自然资源进行培育和改良，在一定程度上改变农业自然资源的形态和性质。如通过施肥增加土壤肥力、兴建水利设施、培育优良的生物品种等，进一步发挥农业自然资源的生产潜力。

（5）有限性。在一定的时间和空间范围内，地球上的陆地面积、水资源以及地表接收到的太阳辐射量都有所限制，同时人类开发和利用这些资源的能力受到科技因素的影响。因此，在一定时期内可供开发利用的农业自然资源的规模、范围、层次、种类总是有限的。但随着科学技术的进步，人类对农业自然资源利用的深度和广度会不断扩大和延伸，同时保持农业自然资源的循环更新，使有限的资源能发挥其生产潜力。

（6）不可替代性。农业自然资源在农业生产中具有不可替代的作用，离开了土地、水资源、各种生物资源和一定的气候条件，农业生产无法进行下去。虽然随着科学技术的不断进步，一些农业自然资源可以由人工合成品来代替，但几乎所有替代品的原材料仍源于各种农业自然资源或其衍生物，在本质上仍然属于农业自然资源；而且到目前为止，很多农业自然资源仍无法由人工产品来替代。在可预见的一段时期内，农业自然资源仍将是农业生产中不可或缺、无可替代的物质基础。

3. 农业自然资源的类型划分

农业自然资源种类繁多，根据不同的分类标准，可以将农业自然资源进行以下的分类。

（1）以环保的角度分析农业自然资源，其又包含原生态自然资源以及次生资源。原生农业自然资源主要包含水、空气、阳光等气候因素，它们因地球的运动而存在，这些都是非竭尽资源。次生农业自然资源在地球不断运动变化的条件下逐渐演变为特定的阶段模式，其数量与质量都有限定性，具有一定的空间分布，属于可耗竭性资源，主要包括动物、植物、微生物等生物资源。土地资源具有原生性资源的特征，又在地球演化过程中发生变化，同时其肥力等又具有耗竭性，因此也具有次生性资源的特征。

（2）从经济学角度，农业自然资源可分为有偿使用资源和无偿使用资源。有偿使用资源是指在农业自然资源的使用过程中要付出一定的劳动或其他代价的资源，如土地资源的开垦、水利设施的兴建、动植物的饲养种植等。无偿使用资源是指无须付出任何代价就可以直接利用的资源，如阳光、空气、温度等气候资源。

（3）从利用时间的长短来看，农业自然资源可分为可耗竭资源和不可耗竭资源。可耗竭资源是指随着人类的开发利用，其数量或质量会逐渐减少或下降的农业自然资源，如淡水、土壤、动物、植物、微生物等。这类可耗竭资源如果合理利用，保持其更新再生能力，也可以持续循环利用。不可耗竭资源是指那些用之不竭的资源，如阳光、空气、海水等。这类不可耗竭资源如果利用不当，也有可能导致其质量下降，影响继续利用，如空气、海水的污染等。

（4）从用途角度来看，农业自然资源可分为生产性资源和服务性资源。生产性资源是指用于生产过程，在农业生产中发挥作用的农业自然资源，如用于种植或放牧的土地、农业灌溉用水、供收获的植物、供食用的动物等。服务性资源是指用于服务性产业的自然资源，如供观赏的动植物、用于生活服务土地、水、阳光等。

（5）从利用状况来看，农业自然资源可分为潜在资源和现实资源。潜在资源是指尚未开发利用的农业自然资源，如荒山、荒地、荒漠，尚未被发现和利用的动植物、未被利用的水资源和气候资源等。现实资源是指已经被开发利用并正在发挥效用的农业自然资源，如正在被开垦耕种的土地和已被利用的水资源、已经被发现和正在利用的动植物等。

（二）农业自然资源开发利用

1. 农业自然资源开发利用的内容与原则

充分合理地开发和利用农业自然资源，是保护人类生存环境、改善人类生活条件的需要，也是农业扩大再生产最重要的途径，是一个综合性和基础性的农业投入和经营的过程，是一个涉及面非常广泛的系统工程。

（1）农业自然资源开发利用的内容。

第一，土地资源的开发利用。土地资源对农业生产有着极其重要的特殊意义，现有大多数农业生产是以土地肥力为基础的，因而土地资源是农业自然资源最重要的组成部分，对土地资源的合理开发利用是农业自然资源开发利用的核心。对土地资源的开发利用包括耕地开发利用和非耕地的开发利用两个方面。

第二，气候资源的开发利用。气候资源的开发利用包括对光、热、水、气等四大自然要素为主的气候资源的合理利用。当前的农业生产仍离不开对气候条件的依赖，特别是在农业投入低下、土地等其他资源相对短缺的条件下，更应该充分利用太阳能、培育优良新品种、改革耕作制度，提高种植业对光能的利用效率，加强对气候资源的充分合理利用。

第三，水资源的开发利用。水资源主要包括地表水和地下水等淡水资源，是农业生产中的重要因素，尤其是各种生物资源生存生长的必备条件。对水资源进行合理的开发利用，关键是要开源节流，协调需水量与供水量，估算不同时期、不同区域的需水量、缺水量和缺水程度，安排好灌排规划及组织实施。

第四，生物资源的开发利用。生物资源包括森林、草原、野生动植物和各种物种资源等，是大多数农产品的直接来源，也是农业生产的主要手段和目标。对生物资源的开发利用，应该在合理利用现存储量的同时，要注意加强保护，使生物资源能够较快地增殖、繁衍，以保证增加储量，实现永续利用。

（2）农业自然资源开发利用的原则。在农业自然资源的开发利用过程中应遵循以下原则。

第一，经济效益、社会效益和生态效益相结合的原则。农业自然资源被开发利用的过程，也是整个经济系统、社会系统和生态系统相结合的过程。因此，在开发利用农业自然资源的过程中，既要注重比较直观的经济效益，更要考虑社会效益和生态效益，协调三者之间的关系，从而做到当前利益与长远利益相结合，局部利益和整体利益相结合。

第二，合理开发、充分利用与保护相结合的原则。合理开发、充分利用农业自然资源是为了发展农业生产，保护农业自然资源是为了更好地利用和永续利用，两者之间并没有根本的对立。人类对自然界中的各种资源开发利用的过程中，必须遵循客观规律，各种农业自然资源的开发利用都有一个量的问题，超过一定的量度就会破坏自然资源利用与再生增殖及补给之间的平衡关系，进而破坏生态平衡，造成环境恶化。如对森林的乱砍滥伐、草原超载放牧、水面过度捕捞等，都会使农业自然资源遭到破坏，资源量锐减，出现资源短缺乃至枯竭，导致生态平衡的失调，引起自然灾害增加，农业生产系统产出量下降。因此，在开发利用农业自然资源的同时，要注重对农业自然资源的保护，用养结合。

第三，合理投入和适度、节约利用的原则。对农业自然资源的合理投入和适度、节约利用，是生态平衡及生态系统进化的客观要求。整个农业自然资源是一个大的生态系统，各种资源本身及其相互之间都有一定的结构，保持着物质循环和能量转换的生态平衡。要保持农业自然资源的合理结构，就要使各种资源的构成及其比例适当，确定资源投入和输出的最适量及资源更新临界点的数量界限，保证自然资源生态系统的平衡和良性进化。

第四，多目标开发、综合利用的原则。这是由农业自然资源自身的特性所决定的，也是现代农业生产中开发利用自然资源的必然途径。现代化农业生产水平的高度发达，使得农业自然资源的多目标开发、综合利用在技术上具有可行性。为此要进行全面、合理地规划，从国民经济总体利益出发，依法有计划、有组织地进行多目标开发与综合利用，坚决杜绝滥采、滥捕、滥伐，以期获得最大的经济效益、社会效益和生态效益。

第五，因地制宜的原则。因地制宜就是根据不同地区农业自然资源的性质和特点，即农业自然资源的生态特性和地域特征，结合社会经济条件评价其对农业生产的有利因素和不利因素，分析研究其利用方向，发挥地区优势，扬长避短、趋利避害，把丰富多样的农业自然资源转换成为现实生产力，促进经济发展。

2. 农业自然资源开发利用管理

农业自然资源的开发利用管理，就是要采用经济、法律、行政及技术手段，对人们开发利用农业自然资源的行为进行指导、调整、控制与监督。

（1）合理开发利用农业自然资源的主要意义。

第一，科学有效运用农业自然资源提高农业现代化水平。农业自然资源对于农业发展非常重要，它是构成农业生产力的主要元素，也是农产品的主要来源，是增加农产品数量和质量、积累农业财富的主要源泉。在社会发展时期，受生产力发展水平的影响，农业自然资源的开发和利用也受到相应的制约。在社会生产力较低时，人们对农业自然资源是被动有限地利用，不可能做到合理的开发利用；随着社会生产力的提高，特别是随着现代科学技术的应用，人们已经能够在很大程度上合理地开发利用农业自然资源来发展农业生产，不断提高农业的集约化经营水平和综合生产能力。我国目前面临着农业自然资源供给有限和需求增长的矛盾，而充分挖掘和合理开发利用农业自然资源，提高农业劳动生产效率，创造较高的农业生产水平，是解决这一矛盾的主要手段，也是实现我国农业现代化的必由之路。

第二，合理开发和利用农业自然资源是解决人口增长与人均资源不断减少这一矛盾的途径之一。当前世界各国都不同程度地存在着人均资源日益减少、相对稀缺的问题，我国的这一矛盾更为突出。据我国人口专家的计算，全国农业自然资源的最佳负荷量是 7 亿人口，而截止到 2019 年，我国当前人口已超过 14 亿，人口与自然资源的平衡早已打破，人均资源量处于较低水平，并且仍在下降。针对这一问题，除了继续控制人口的增长之外，合理地开发利用农业自然资源，提高农业自然资源的单位产出效率，使有限的农业自然资源得到最大的利用，是解决这一矛盾最有效的途径。在这方面，一些发达国家积累了丰富经验，如日本、以色列等国家在人均自然资源贫乏的条件下，充分利用现代科技，创造了高产高效农业的典范。我国应该学习和借鉴这些经验，充分合理地利用我国的农业自然资源，使上述矛盾得以缓解。

第三，合理开发和利用农业自然资源是保护资源、改善生态环境的客观要求。农业自然资源的开发利用不合理，会导致资源的浪费和衰退。同时，工业“三废”的大量排放和农业生产过程中化肥农药的过量使用，以及对农业自然资源的掠夺式开发利用等，还会使生态环境受到污染和破坏，既影响了农作物的生长和农业生产的发展，也危及人类和动物的健康。因此，在农业自然资源的开发利用过程中，应做全面的考虑，把发展农业生产和保护资源、维护生态环境结合起来。只有对农业自然资源加以合理地开发利用，形成农业生产和环境保护的良性循环，才能实现这一目标。

（2）农业自然资源开发利用管理的基本目标。

第一，总体目标。农业自然资源的开发利用管理，总体目标是保障国家的持续发展，这一总体目标也规定了农业自然资源开发利用管理的近期目标和长远目标。其中，近期目标是通过合理开发和有效利用各种农业自然资源，满足我国当前的经济和社会发展对农产品的物质需求。长远目标则是在开发和利用农业自然资源的同时，保护农业自然资源生态系统，或者在一定程度上改善这一系统，以保证对农业自然资源的持续利用。

第二，环境目标。自然资源的开发利用是影响环境质量的根本原因，而农业自然资源所包括的土地、气候、水和生物资源是人类赖以生存的自然资源的基本组成要素，因此加强对农业自然资源开发利用的管理，如控制土地资源开发所造成的土地污染、水资源开发中的水环境控制等，就是农业自然资源开发利用管理的环境目标。

第三，防灾、减灾目标。这里的灾害是指对农业生产活动造成严重损失的水灾、旱灾、雪灾等自然灾害。在农业自然资源开发利用过程中，通过加强对自然灾害的预测、监测和防治等方面的管理，可以使自然灾害造成的损失减少到最低程度。对于人类开发利用农业自然资源所可能诱发的灾害，应当在农业自然资源开发利用的项目评价中予以明确，并提出有效的防治措施。

第四，组织目标。国家对农业自然资源开发利用的管理是通过各层次的资源管理行政组织实现的，国家级农业资源管理机构的自身建设和对下级管理机构的有效管理是实现农业自然资源开发利用管理目标的组织保证。同时，保证资源管理职能有效实施的资源管理执法组织的建设和健全也是农业自然资源管理组织目标的重要内容。另外，农业自然资源开发利用管理的组织目标还包括各类农业自然资源管理机构之间的有效协调。

（3）农业自然资源开发利用管理的措施。

第一，建立合理高效的农业生态系统结构。农业生态系统结构的合理与否直接影响着农业自然资源的利用效率，土地资源、气候资源、水资源以及生物资源能否得到合理的开发利用与农业生态系统结构密切相关。因此，加强农业自然资源开发利用管理的首要任务是要建立起有利于农业自然资源合理配置与高效利用，有利于促进农、林、牧、渔良性循环与协调发展，有利于改善农业生态平衡，有利于提高农业经济效益、社会效益和生态效益的农业生态系统结构。

第二，提高农业自然资源的科学利用率。从 20 世纪 70 年代开始，我国根据农业实际情况制订了相应法律法规，目的是保护并科学利用农业资源，强化农业自然资源管理，合理配置农业资源使其在一定范围内发挥最大效益。但由于长期以来我国走的是一条以数量取胜的工业化道路，并以行政方式低价或无偿使用农业资源，这就造成农业资源供需矛盾和农业资源严重浪费的现象。所以，进一步提高农业自然资源利用率，按照集约型发展，以科学技术方式推进农业资源有序合理开发和运用，避免再出现粗放型利用农业资源的方式，强化农业资源科学规划与管理，提升农业自然资源利用效率。

具体来讲，就是制订有关节约用水、节约用地和节约使用能源的政策，将推进经济发展的方式由资源密集型转向知识密集型，去掉过量使用农业资源或一切不合理开发农业资源的政策，把资源利用效率作为制订计划、投资决策的重要准则和指标，对关系国计民生的农业自然资源建立特殊的保护制度等。

第三，根据农业发展状况制订科学有效运用农业自然资源的机制，完善农业自然资源利用制度。农业自然资源是促进农业发展的主要生产要素，要将农业自然资源作为一种促进生产力发展的农业资产，并以此为基础制定合理的农业资产管理制度，将农业自然资源作为一种农业所有权的概念固定下来，改变过去无偿占有或其他使用农业资源的方式，提升农业资源利用效率，推进农业可持续发展进程。在建立和完善农业自然资源产权制度的过程中，要逐步调整行政性农业自然资源配置体系，理顺农业自然资源及其产品价格，培育市场体系，消除农业自然资源开发利用过度的经济根源，有效抑制乃至消除滥用和浪费资源的不良现象。

第四，建立农业自然资源核算制度，制订农业自然资源开发利用规划。农业自然资源核算是指对农业自然资源的存量、流量以及农业自然资源的财富价值进行科学的计量，将其纳入国民经济核算体系，以正确地计量国民总财富、经济总产值及其增长情况以及农业自然资源的消长对经济发展的影响。通过对农业自然资源进行核算，并根据全国农业自然资源的总量及其在时间和空间上的分布以及各地区的科学技术水平、资源利用的能力和效率，制订合理有效的农业自然资源开发利用规划，实现各地区资源禀赋和开发利用的优势互补、协同发展，获得全局的最大效益。

第五，发展农业自然资源产业，补偿农业自然资源消耗。我国在农业自然资源开发利用方面，普遍存在积累投入过低、补偿不足的问题，导致农业自然资源增殖缓慢、供给不足。为了增加农业自然资源的供给，必须发展从事农业自然资源再生产的行业，逐步建立正常的农业自然资源生产增殖和更新积累的经济补偿机制，并把农业自然资源再生产纳入国民经济发展规划。

二、农业自然资源管理的法制化发展建设

（一）农业自然资源法的内容

农业是国民经济的基础和支柱产业，其生产领域几乎涉及自然资源的所有门类，因此，制订完善的农业资源法律有着至关重要的意义。我国现行农业资源管理的法律法规主要包括以下方面。

（1）土地法律：《中华人民共和国土地管理法》《中华人民共和国

水土保持法》。

（2）森林法律：《中华人民共和国森林法》。

（3）水资源法律：《中华人民共和国水法》《中华人民共和国水土保持法》和《中华人民共和国水污染防治法》。

（4）草原法律：《中华人民共和国草原法》《草原防火条例》。

（5）水产（渔业）资源法律：《中华人民共和国渔业法》及《水产资源繁殖保护条例》。

（6）野生动植物保护法律：《中华人民共和国野生动物保护法》《中华人民共和国野生植物保护条例》，同时，在森林和渔业法律中，对野生动植物保护也有相关规定。

（7）环境保护法律：《中华人民共和国环境保护法》。

（8）地方性农业自然资源法规：各地根据农业自然资源法律，如《农业资源综合管理条例》。

（二）农业自然资源法律体系的发展对策

1. 增补完善农业资源法律法规

（1）制订资源综合管理法。制订综合管理农业资源的法律目的就是统一使用资源的原则和建立科学有效的法律制度，对其他有关资源利用的法律作出适当协调与指导。有法律专家指出，可以将农业自然资源作为试验，首先制订有关农业资源全面管理的制度，以协调与之相关的各个部门的工作，同时根据这个制度建立和完善资源利用基本原则，并在实际运用的基础上进一步修改、完善，在条件成熟时制订基本法以全面强化资源管理。

（2）尽快制订其他有关农业自然资源的法律。这方面的法律包括海岸带及其大陆架管理法律、地域性江河流域资源管理法、自然环境保护法、节约用水法、畜牧业管理法、资源综合利用法等，同时建立相应的组织机构，强化监督执法。

2. 更新并充实现有法律法规的内容

要站在全面综合管理农业资源的高度，进一步完善涉及农业自然资源的有关法律和法规，去掉有违经济可持续发展和市场机制的内容。所有与农业资源有关的法律都要明确其职责和范围，尤其要避免可能造成重复管理和不协调的资源管理办法。

3. 改革农业资源管理体制

（1）建立高效、协调、规范、适宜的农业自然资源管理机制。目前，我国调整了有关农业自然资源的管理机构，并根据实际情况重新作出职能安排，将原先的林业部改变为现在的国家林业局，并成立国土资源部，综合原先土地管理、地矿管理以及海洋管理等方面的工作，同时明确国土资源部、农业部、水利部和林业局的权限职责，也对地方相应的资源管理部门作出调整，既精简了人员也提高了工作效率[1]。

（2）强化农业自然资源综合管理。长期以来，我国并没有建立一套综合管理资源的体系，这就难免出现资源管理上的漏洞。为改变这一现状，成立农业资源委员会或者农业资源全国领导机构是一种现实选择，这些部门可以隶属于国土部或农业部，以宏观的角度统一管理和协调农业自然资源的使用。同时，建立与之相关的配套机制，可以在地方政府的领导下建立各资源管理部门的协调机制，以避免各自为政、执法矛盾的现象。

（3）强化农业自然资源监督调查机制，建立统一的技术规则，在实践的基础上形成资源报告制度。可以由政协部门和人大部门强化农业资源的监督体系，并向全国人大报告涉及农业资源的使用状况，定期公开相关情况，这样就可以有效监督与农业资源利用有关的工作。与此同时，可以在每年召开的中央经济会议和农村会议中增加相关农业自然资源综合管理的议题，以便统一协调与管理全国农业自然资源。

第二节　农业市场营销管理

一、农产品市场体系

市场是生产力发展到一定阶段的产物，属于商品经济的范畴，凡是有商品生产和商品交换的地方，就必然有市场。随着经济的发展，农产品市场的范围、形式和交易的内容都在发生变化。从市场的活动范围来看，它不仅涉及产前活动如市场调查与预测、产品研发等，而且还延伸到产品的售后活动，如售后服务、信息反馈等。市场的形式也越来越多样化，现代市场的商品交换通过电话、传真、计算机网络就可以顺利实现。

（一）农产品市场的特性与体系构成

1. 农产品市场的特性

农产品市场是农业商品经济发展的客观产物，它的含义有广义和狭义之分。

[1]夏军．我国农业自然资源管理的法制化建设[J]. 理论观察，2001（04）：56-57.

广义的农产品市场是指实现农产品价值和使用价值的各种交换关系的总和。它不仅包括各种具体的农产品市场，还包括农产品交换中的各种经济关系，如农产品的交换原则与交换方式，人们在交换中的地位、作用和相互联系，农产品流通渠道与流通环节，农产品供给与需求的宏观调控等。

狭义的农产品市场是指农产品交易的场所。农业生产者出卖自身生产的农产品和消费者购买自己所需的农产品，需要有供他们进行交换的场所，这种交换农产品的场所就形成了农产品市场，如农贸市场、蔬菜市场、花卉市场等。

农产品市场与其他市场相比，具有以下特性。

（1）农产品市场有相应的时间发展规律。春夏秋冬，人们并不是一开始就知道哪个季节该有什么产品，也不知道什么产品需要什么样的气候，现在所知道的知识经验都是人们通过一次次实践得来的。农产品的生产有时间性，相应的季节所生产的农产品才最适合食用，所以人们会想办法将适合的农产品保存起来，如此一来，无论何时都能够食用自己想要的农产品。

（2）农产品的出现和地区也有极大关系。中国地大物博，南北气候差异大，所以生产的农产品也有不同的风格，因此，形成了如粮食作物区、经济作物区、牧区和林区等不同的农业生产区域。即使是粮食生产稻，由于地理环境不同，适宜种植的作物品种也不同，如北方地区多种植小麦，而南方地区则较宜种植水稻。而且由于不同地域的人们的消费习惯不同，从而对各类农产品的需求也是有差异的，如北方人习惯面食，而南方人则偏爱米饭；草原牧区的人们更喜牛、羊等肉食，而沿海地区的居民则更爱各类海产品。为此，要因地制宜做好不同农产品市场的经营，兼顾生产地和消费市场、卖方和买方的利益。

（3）农产品市场流通具有“分散 - 集中 - 分散”的特点。农产品的生产遍布在全国各地，由全国数亿个小规模的生产单位（含农户）经营，而商品性农产品的消费主要集中在城市。由此形成了农户“分散”生产，由经营者通过收购、贮藏、运输、加工等环节进行“集中”，再经批发、零售等环节，最终“分散”到消费者的流通模式。因此，农产品购销网点的设置和收购方式等都要与这一特点相适应。

（4）农产品市场具有较强的政府宏观干预性。农业是国民经济的基础，农产品是关系国计民生的重要产品，农产品在生活中必不可少，它能够保证经济的协调发展。所以，农产品的生产与出售需要一条流水线，农产品出售得越多，国家经济发展就会得到提升，国民健康也呈稳定状态，再加上我国农产品售出范围比较广阔，所以，我国对农产品的重视程度也越来越高。

2. 农产品市场体系的构成

农产品拥有一个极大的交易市场，主要组成为售卖者、消费者、市场机制和市场组织等。

（1）售卖者。农产品先从生产地运输到销售地，这一个过程并不是独立的，因为它牵涉一些利益共同体，它们相辅相成，共同进步。

（2）消费者。一般而言，城市对农产品的消费相对较高，因为农村往往是农产品的生产地，对农产品的需求处于一种无形阶段。城市当中的消费者对农产品的热爱势不可挡，这样一来，城市与农村就有相应的物价交换，保持经济的动态平衡。

（3）农产品市场机制。农产品市场机制是指市场经济中各市场要素互相适应、互相制约，共同发挥作用而形成的市场自组织、自调节，实现自我平衡的功能，即在客观经济规律的作用下，实现生产、分配、交换和消费的自动调节。市场机制包括价格机制、供求机制、竞争机制、激励机制、风险机制等，它们相互联系和作用，共同调节农产品生产和流通机制。

（4）农产品市场组织。农产品市场组织是为保证商品交换顺利进行而建立的协调、监督、管理和服务农产品市场的各种机构、手段和法规。农产品市场组织包括流通组织机构如农产品供销合作社，中介组织如农产品劳动服务公司，管理组织如农产品统计及工商行政等部门，技术管理组织如计量部门，民间组织如农产品行业组织协会等。

（二）农产品零售市场体系

农产品零售市场又称“农产品消费市场”，它是农产品的最终交易场所，反映了农产品的生产者、加工者、经营者和消费者等多方面的经济关系。农产品零售市场主要包括露天集市、农贸市场、副食商店、社区便民菜肉店和不同规模的连锁经营超市等。

1. 农产品零售市场的特性

（1）农产品零售市场的辐射范围较小，多限于周边居民的消费并与中心集散市场接近。

（2）农产品零售市场的交易方式主要是现货交易，交易数量小，交易频率高。

（3）农产品零售市场上出售已加工的农产品和鲜活农产品。

（4）在农贸市场上，小型批发商和零售商是此类市场的主要供应者；在超市中，农产品及食品的连锁、配送是其供货的基本形式；部分农产品特别是鲜活农产品一般由生产者直接在市场上进行销售。

（5）农产品零售市场的农产品价格一般都高于产地市场和批发市场价格 [1]。

2. 农产品零售市场的发展历程

以超市、连锁、配送等模式经营农副产品是我国农产品零售市场发展的一大趋势。中国农产品传统的“提篮小卖”的经营形式和露天集市的市场环境已无法满足人们对优质、安全农产品的需求。超市经营不仅能为消费者提供新鲜优质的各类农副产品，而且购物环境更舒适宽敞，农产品价格也较为规范统一。

例如，美国 80% 左右的农产品分销是通过“生产地—配送中心—超市、连锁店—消费者”的分销渠道完成其销售的。我国连锁超市起步于 20 世纪 90 年代初期，当时的超市主要经营日常生活用品和加工食品的零售业务。随着国内连锁超市竞争的加剧和超市经营理念的变化以及国外超市（家乐福等）示范效应的影响，1996 年在北京、深圳等地开始出现生鲜农产品超市零售。20 世纪 90 年代中后期，农产品超市经营快速发展。2000 年以来，北京、上海、深圳、南京、杭州等大城市先后制订政策，加快了农贸市场超市化改革的进程。2004 年中央 1 号文件提出，要加快发展农产品连锁、超市、配送经营，鼓励有条件的地方将城市农贸市场改建为超市，支持农业龙头企业到城市开办农产品超市。我国商务部、财政部和国家税务总局决定，自 2005 年起，用 3 年的时间开展农产品连锁经营的试点工作。在消费需求和政府政策的推动下，超市生鲜等农产品经营发展迅速，截止到 2019 年，我国大城市农产品 30% 的销售是通过农产品超市、连锁店、便利店实现的，到超市买生鲜农产品日益成为大中城市居民青睐的消费方式。

此外，在新经济和网络经济背景下，在信息技术和现代物流运输业的支撑下，农产品网络零售市场也得到较快的发展。例如，中粮集团旗下的食品购物网站“我买网”就提供了各种食品，如粮油、零食、茶叶、酒水以及生鲜产品的网络零售，极大地迎合了现代都市上班族的消费需求。

（三）农产品批发市场体系

农产品批发市场又称“中心集散市场”，是指将来自各个产地市场的农产品进一步集中起来，经过加工、储藏和包装，通过销售商分散销往全

[1]权印.特色社会主义循环农业经济发展——评《发展农业循环经济的机制与对策研究》[J].中国瓜菜，2019，32（11）：111.

国各地的场所及组织。此类市场多设在交通便利或农副产品的主产地，一般规模较大，并设有较大的交易场所和仓储设施等配套服务设施。农产品批发市场每笔交易的数量和金额都较大。

根据经营农产品品种的多少，农产品批发市场可分为综合市场和专业市场。综合农产品批发市场是指主营品种超过三类以上（含三类）农产品的批发市场。专业农产品批发市场是指主要经营某一类农产品的批发市场，包括蔬菜、果品、水产品、肉禽蛋、粮油、花卉、干菜副食调味品、食用菌等批发市场。如山东寿光蔬菜批发市场是我国蔬菜批发市场的标杆，济南维尔康肉类水产批发市场则以冻品和鲜肉为主要交易对象。

1. 农产品批发市场的主要作用

（1）农产品批发市场是农产品交易流通的中心环节。农产品批发市场是为农产品集中交易提供场所的有形市场，是农产品流通体系与营销体系的核心环节。为解决我国“小农户，大市场”的矛盾，需要在众多的小农户和巨大的市场之间建立一个庞大的流通体系来完成生鲜农产品的集散。农产品批发市场作为农产品流通的中心环节，有效地保障了城市供应，解决了农产品的销售问题。大型集散地农产品批发市场由于具有交通便利、功能齐全、辐射范围广等特点，发挥了远距离运输集货和中转批发作用，有力推动了农产品大流通格局的形成。

（2）满足了交易双方扩大交易规模和交易空间的要求，节约了交易成本和交易时间。农产品批发市场是一种或多种农产品及其系列商品集中进行现货交易的场所，是解决农业生产的大批量与消费形式多样化之间客观矛盾的有效交易形式，能够明显地节省交易成本。批发市场的高效率和低交易费用是零售市场所不可替代的。农产品批发市场的开放性、灵活性的特点和横向经济联系的形式，有利于按照商品的自然流向和运动规律进行流通，促进产销直接见面，极大地节约了交易时间。

（3）农产品的生产与销售建立了一条流水线，这样就能够迅速出售生产出来的农产品，推动商品经济发展。农产品的生产地广泛，而每个人都能够成为消费者，这样的市场交易就能够最大限度地销售农产品，物品与金钱等价交换，从而促进生产者和消费者效用的最大化。

（4）一般而言，农产品的生产地可以给消费者直接提供服务，因为他们对自己所生产的农产品有足够的了解，无论是它的生长还是食用方法。所以，对农产品有任何不了解，消费者都可以与生产地取得联系，寻求他们的帮助，这样就可能最大限度地避免农产品食用错误。

2. 农产品批发市场的发展及完善

农产品批发市场是我国改革开放以后形成的商业形态，随着我国科学技术的飞速发展，我国农产品生产由简到易，销售由慢到快，除了专业的农产品生产地，还有很多乡村居民也加入到农产品生产这个大家庭中，所以农产品这一行业备受各级政府关注，发展越来越好。

我国加入世界贸易组织以后，随着市场的逐步对外放开，客观上要求农产品批发市场进一步实现规范化、制度化和法制化，农产品批发市场进入二次创业阶段。从 2002 年开始，商务部等有关部门先后启动了“国债项目”“标准化市场工程”“三绿工程”“双百市场工程”“升级拓展 5520 工程”等，支持农产品批发市场的提档升级和规范化。

以批发市场为中心的农产品市场体系，既是农产品价格形成的依托，也是国家进行宏观调控的渠道。以批发市场为中心的农产品市场体系建设是发展市场经济的大事，全国各地都有相应的农产品生产地，它们之间不同的是，地域环境与气候不同，因此重点生产的农产品也各不相同。然而，农产品的销售线并不局限于某一个固定区域，它的销售拥有一套网络系统，可以向全国各地运输销售，无论是批发还是零售，都可以得以实现。为了达到以上目标，可以从以下重点方面做起。

（1）为整个交易设计一套出售方案，打破市场一成不变的传统交易，力图将农产品销售到更遥远的地域。

（2）农产品的生产不仅仅依靠专业的生产部门，还要依靠农村居民，将发展农产品的优点告知他们，让他们能够一起创造更高的利益。对于农产品的出售链条，也应该有专业团队维护，以保证农产品的及时出售，避免造成农产品的损失。农产品的生产与销售相互作用，将农产品推向大众视野，加快发展。培育发展农村流通中介组织，提高农民参与流通的组织化程度，已成为解决农产品小生产与大市场之间矛盾的当务之急，也是完善批发市场、优化价格形成机制的实际要求。

（3）近年来，我国提倡创新发展，这个理论也可以运用到农产品当中，因为现在的农产品市场还存在很多不足，因此，改革也不失为一个好方法。

（4）调整农产品的网络系统，加强整个市场的监督。

（5）将农产品的销售挂在各大销售网站，增加销售渠道，实时与网络售卖一体化。

（6）及时更新网上信息，让消费者及时掌握农产品的生产数量与销售价格，以备不时之需。

（7）农产品需要我国法制的保护。

（四）农产品期货市场体系

期货交易是与现货交易相对应的一种交易方式，是商品交换的一种特殊方式，其最早始于农产品期货合约。农产品期货交易是世界诞生的第一个期货交易，不仅如此，在多年以后，其一直位于期货的主体位置。在狭义的理解上，农产品期货市场仅仅代表农产品之间的相互交易，一般都只是代指一个交易场所。广义的农产品期货市场是指农产品期货合约交易关系的总和，它是由相互依存和相互制约的期货交易所、期货交易结算所、期货经纪公司和期货交易者组成的一个完整的组织结构体系。

我国农产品期货市场经过 20 多年发展，农产品期货品种已达 21 个，形成粮棉油糖、畜牧、木材等板块，以及油脂油料、玉米和玉米淀粉、饲料养殖等多个产业链品种体系。我国的农产品期货交易是通过大连期货交易所和郑州期货交易所进行的。

1. 农产品期货市场的特殊性

（1）交易对象的特殊性。农产品期货市场以农产品期货合约为交易对象。农产品期货合约是一种由期货交易所统一制订、在交易所内集中交易、受法律约束并规定在未来的某一特定时间和某一特定地点交割一定数量和质量的某种特定农产品的标准化合约。标准化的农产品期货合约只是现货的象征或代表。

（2）交易商品的特殊性。农产品期货市场中交易的商品是一些具有代表性并且需要具备一定条件的特定农产品。这类农产品通常需要具备两个基本条件：一是品质等级易于标准化；二是能够长期贮藏且适于运输。

除了以上所说，农产品的期货市场还需要具备其他条件，这也是必不可少的，它们当中最显著的两个特点分别是：①农产品的期货市场自从开拓到现在，都是呈直线增长状态；②在农产品发展这一个阶段，市场交易系统从以前的烦琐变成现在的简洁，并且降低了农产品交易的风险，利益也达到最大化。

（3）农产品交易宗旨的特殊性。农产品交易的宗旨是农产品市场能够开展得越来越好，首先考虑的并非利益，先从基础做起，将农产品的交易价格固定在某一个区间内，避免价格波动太大而引起市场危机。

（4）农产品交易地点与方法的特殊性。农产品的交易与其他商品不同，它需要在一定时间内完成交易，否则就会造成损失，除此之外，所有交易不能散于各地，需要集中在一起，交易内容也应该保持市场平衡，保证交易的公平与和谐。

（5）交易保障制度的特殊性。农产品期货市场中的交易虽然也有基本的法律保障，但这并不是主要的保障方法，最主要的保障是制订各种交易政策，以达到农产品的正常交易。

（6）交易机制的特殊性。农产品期货市场交易机制的特殊性在于其双向交易和对冲交易。什么是双向交易呢？常说的双向交易就是售卖者可以与消费者自由交易，买卖自由，不受外界干扰，换言之，就是人们理解的中间交易，买卖共存。那什么是对冲交易呢？对冲交易从字面上理解就是在交易过程中无盈无亏，也就是说，将两份数量相近、方向不同的相关行业结合在一起的交易。

2. 农产品期货市场的主要功能

（1）规避价格风险，保障农户和相关经营者利益。农产品交易价格的规定不能长期不变，因为它可能仅代表期货市场的交易价格。众所周知，普通农产品的生长并不是短时间的，正是因为这样，在农产品生长的这段时间内，可发生的变故很多，价格的波动也会很大。然而，现代科学技术飞速发展，期货交易也发生得越来越普遍，因此，生产者就能够通过期货交易来评估市场价格波动的大致范围，以避免更多的经济损失。

（2）探索价格的变化规律。期货交易的市场就像一个拍卖现场，它始终秉承公平、公正、公开的理念，它还会被多种因素所影响，在大众视野中确定最终交易价格。每一种商品都有自己的交易价格，而商品的交易价格决定了商品的价值，然后这个价格可通过网络系统传遍全国，消费者在大致了解以后就能以合理价格进行物品交易。

例如，我国大连商品交易所农产品期货品种价格合理、权威，特别是豆油、棕榈油、豆粕等品种农产品的期现价格相关性均在 0.9 以上，具有良好的超前预期性，成为相关品种农产品国内市场的基准参考价格，是国内市场价格的风向标和定价参照中心，为农民种地卖粮、企业生产提供了价格指南。

（3）风险投资功能。风险投资功能主要是针对期货投机者而言的。期货风险投资一般包括两层含义：一是投资者将一定金额的货币资金用于期货交易项目，即买卖期货合约；二是投资者参与期货交易的目的主要是获得以货币表示的经济收益。期货风险投资是一个含义较为广泛的概念，无论投资主体是为了获取转移风险的经济收益，还是为了获得超额利润，只要特定的投资主体为了获取经济收益而用一定数额的货币买卖期货合约，都属于期货风险投资行为。

（4）资源配置功能。资源配置功能的发挥不是通过直接实物交割来实现的，而主要是通过期货市场的杠杆作用，间接调配物资在期货市场外流转。除此之外，期货市场需要信息的迅速播散、法律的合约认证、公平合理的标价、方便快速的交易方式，在不同区域划掉那些不合理的售价，以达到最优的资源配置。

二、农产品物流管理

20 世纪 80 年代初，物流这一概念正式引入我国。2001 年 8 月 1 日正式实施的《中华人民共和国国家标准物流术语》中将物流定义为：物品从供应地向接受地的实体流动过程中，根据实际需要，将运输、储存、装卸、搬运、包装、加工、配送、信息处理等基本功能实施有机结合。农产品是具有生命的动物性和植物性产品，因而农产品在物流运输过程中对时效性、保鲜性的要求特别高。同时，农产品一般市场销售价格较低，这就使得农产品物流更加困难。

（一）农产品物流的分类与功能

农产品物流是指以农业产出物为对象，通过农产品产后加工、包装、储存、运输和配送等物流环节，实现农产品保值增值，最终送到消费者手中的活动。具体而言，它包括农产品的收购、运输、储存、装卸、搬运、包装、配送、流通加工、分销、信息活动等一系列环节。

1. 农产品物流的分类

根据农产品物流具体对象的不同，大致可将农产品物流分为以下几类。

（1）粮食物流。粮食是人类生存的最主要的物质资源。

（2）经济作物产品物流。经济作物是指除供人们食用外，可作为工业尤其是轻纺工业和食品加工工业原料的农产品，其商品率远远高于粮食作物，对物流的需求量大。

（3）畜牧产品物流。畜牧产品既是人们生活所需的肉、蛋、奶等食物的来源，也是轻化、化工、制革、制药工业的原料来源，对物流需求量较大，还可进一步细分为奶类物流、肉类物流及蛋类物流等。

（4）水产品物流。水产品是海洋和淡水渔业生产的动植物及其加工产品的统称，主要分为鱼、虾、蟹、贝四大类。

（5）林产品物流。林产品是重要的工业原料，营林和竹木采伐对物流需求大，主要包括林产品的运输、装卸和搬运三个方面。

（6）其他农产品物流。未能归入上述类别的农产品物流，统称为其他农产品物流。

2. 农产品物流的主要功能

农产品在网上也有销售线，它们之间相互影响。农产品物流主要有下列功能。

（1）销售中的打包功能。这里的打包主要包含两个方面：其一，是农产品从生产地直接售卖的销售打包，其需要很多精美的包装，以便吸引消费者。其二，是农产品在物流公司的打包，这个打包主要是将产品完好无损地运输到消费者手中，所以并不需要华丽的包装。农产品的打包对于农产品的销售有很重要的作用，它的功能主要包括以下方面。

第一，保护的功能，即保护农产品价值和使用价值在流通过程中不受外界要素的损害，主要包括外部自然环境因素的影响（如温度的变化会影响肉蛋奶类产品的品质）和外部非自然因素的影响（如运输过程中强烈的碰撞对产品的冲击或在装卸搬运过程中发生的跌落等）。因此，做好农业物流的包装工作，充分发挥其保护功能，既能防止农产品本身性能发生变化，又可减少农产品在流通及消费过程中遭受外力的破坏。

第二，便捷的功能，即农产品标准化的包装便于装卸、搬运、储存及运输等环节的作业，并提高仓库的利用率和运输工具的装卸能力。

第三，销售的功能。农产品的包装在销售环节往往给消费者留下“第一印象”，在农产品品质相同的情况下，精美的包装能够激发消费者的购买欲望并产生购买行为，成为影响消费者决策的重要因素。

（2）包装后的装货与卸物功能。顾名思义，农产品生产包装过后，需要将这些农产品装载到特定的运输工具上，将它们运输到目的地后再将其卸载下来，即物品的位移，这个过程必须快速，保证农产品的新鲜程度，因此，这个功能在农产品的销售中占据着重要作用。它的作用有以下两点。

第一，衔接的功能。农产品在生产领域、流通领域及消费领域的流转及各种运输方式之间的转换都需要通过装卸搬运来实现，装卸搬运从始至终都存在，以达到各个阶段的无缝对接，自由互换。

第二，产品的完整与客服的和谐功能。装货与卸物常常都由人力完成，如果人工可以保证产品的完整性，那么一般情况下的农产品出售就不会有任何不好的售后。客服的沟通也很重要，因为人们往往会在和谐的交流中感受到喜悦，就会增加产品的销售量。如此一来，农产品的收入就相当可观。

（3）农产品的销售运输功能。在当今时代，快递已经完全地融入人们的生活中，而快递就是运用了货物运输，也就是将一个物品从起始地移动到目的地，这是外力所导致的位移。这种农产品运输方式为农产品销售打开了一扇新大门，从此，农产品销售可以在世界各地交易，满足了人们对各种农产品的需求。现在的农产品运输线路已经趋于完善，农产品的运输时间越来越短，费用也越来越低，农产品的利润也就更高，人们发展农产品的兴趣也被大大提升。

（4）农产品的储藏功能。大多数农产品都需要良好的保存技术，因为它们常常需要保持新鲜状态，这样才不会失去它独特的口感与丰富的营养价值。储藏技术的发展非常重要，因为农产品从发出生产地开始就需要这一技术来对它进行保鲜。除了农产品以外，还有其他很多商品都需要良好的储藏条件，这样能够让每一种商品都保持自身原本的性质。

从流通领域来看，农产品必须保持一定数量的流通储存才能保证农产品市场的正常供应，满足消费者的各种需求，如我国的储备粮制度不但是我国粮食市场宏观调控的重要政策工具，也是我国粮食价格和供应稳定、满足人民群众生活需要的重要保障。

（5）增加的产品售后服务功能。现在的网购都能够看到物流信息，即产品的售后服务功能。但是农产品与其他商品不一样，因为它的保质期比较短，所以需要快速物流。在农产品的运输过程中，快递信息的全面十分重要，因为物流信息可以提示消费者农产品的运输速度，也可以说，农产品的物流信息完全可以反映农产品的食用程度。在农产品交易市场中，交易信息能够让生产者迅速了解农产品的真实情况，以保证交易的稳定，增加农产品的收益，由此增强农民驾驭市场的能力。

（二）农产品运输管理和配送模式

1. 农产品的运输管理

（1）因地制宜，选择自身需要的农产品运输方式和工具。农产品的运输包含多种运输方式和工具，有现代的航空、铁路、轮船，也有传统的拖拉机、人力车等民间设备。不管是现代的还是传统的，运输方式和工具都是根据供销需求和当地地理环境而选择，并能够满足农产品的运输需要，因此，没有最好的运输方式和工具，只有最合适的运输方式和工具。

现代运输工具的种类很多，应根据产品的重量、紧急程度及产品的自身属性等多方面选择，以下几种是常见的运输工具。

火车：适合长途运输，不仅安全性高，而且速度快，运量大，成本低。

汽车：适合短途运输，机动性强，适应性强。

轮船：适合耐储运产品运输，运量大，运费低，但速度较慢。

飞机：适合紧急类产品运输，速度快，但运费贵。

管道：适合液体类产品运输，安全可靠，自动化高，但前期投入大。

其他：适合产品本身属性的运输，如需保鲜的冷链车等。

传统的民间运输工具也有很多种类，虽然其现代化程度不如火车、飞机，但也是我国农产品运输的重要组成部分。其特点是使用方便，适合零星分散的短途运输；而且符合当地自然环境和地理特征，能够完成现代化运输工具所无法完成的运输需要。因此，在交通不便的农村或偏远地区，民间运输工具依然发挥着重要作用，成为农产品运输中不可或缺的一部分。

（2）大力开展联运。联运是指两种以上的运输工具换装衔接，联合完成农产品从发运地到收货地的运输全过程。联运的最大特点是，农产品经营部门只办理一次手续即可完成全过程的托运。现阶段我国的联运主要是水陆、水水（江、河、湖、海）、陆陆（铁路、公路）联运和航空、铁路、公路三联运。

开展农产品联运，既适应我国交通运输的客观条件和运输能力，也符合农产品产销遍布全国、点多面广的特点。只要联运衔接合理，就可缩短待运时间，加速运输过程。组织联运是一项复杂的工作，在组织农产品联运时，购销双方要和交通运输部门密切配合，加强协作，提高联运的计划性、合理性；要通过签订联运合同，落实保证联运顺利进行的措施和责任，以提高联运效果。

（3）大力发展集装箱运输。集装箱是为装载货物而特制的货箱，它不仅符合运输工具的特点和要求，而且可根据货物的重量及大小选择合适的规格，这样既满足了运输要求，又能够最大限度地装载货物，降低运输成本，提高运输效率。

集装箱运输以机械化、自动化操作为主，而且符合农产品的特性和运输要求，因而其运输效率高，是现代化运输形式的代表。因其自动化程度高，减少了搬运环节和过程损耗，既提高了运输效率和速度，又保证了货物安全，有利于直运和联运的开展。所以，要大力发展集装箱运输，以适应现代化运输的需要。

（4）推广冷链运输。冷链是指在运输全过程中，装卸搬运、变更运输方式、更换包装设备等环节都是使所运输货物始终保持一定温度的运输。比如常见的鱼类海鲜等产品，必须使用冷藏或冷冻等专用车辆，不管运输过程中如何更换运输工具，都必须保持连续的冷藏或冷冻。

冷链运输能抑制微生物繁殖和细菌的活动，防止农产品腐变和减少在途损耗。如长距离运输蔬菜，采用一般运输，损耗率大于 20%，有的高达 50%，而采用冷链运输，损耗率可控制在 3% ～ 5%。同时，还能延长农产品储存期，有利于调节市场供求。冷链运输有利于保证农产品质量，减少农产品运输损耗，改进农产品经营，特别是对易腐变的鲜活农产品运输，更应该积极采用冷链运输方式。

2. 农产品的配送模式

农产品物流配送是指根据农产品消费者的需求，在农产品配送中心、农产品批发市场、连锁超市或其他农产品集散地进行加工、整理、分类、配货、配装和末端运输等一系列活动后将农产品交给消费者的过程，主要包括农产品供应商配送和超市连锁配送。二者的区别主要在于面对的农产品接收者不同，农产品供应商配送主要是指面对终端消费市场的配送，如农产品生产商或批发市场直接将产品配送给家庭或学校。而超市连锁配送主要是指面对中间商或消费渠道的配送，如超市总部将产品配送给连锁分店或其他销售组织。

因为农产品对地理环境有着不同要求，所以其分布范围广，产销分散性大，因此，加大了农产品物流运输的难度，要求其科学地规划选址并使用合适的运输方式和工具，才能在提高运输效率的同时实现农产品的市场价值。而通过农产品运输的统一协调、分类处理，直接送到消费者手中，不仅实现了农产品的价值，而且提供了从“田间”到“餐桌”的全程服务，保证了农产品的安全和运输的高效。其中，农产品配送中心的选址决定了整个物流过程的成败。农产品配送中心是连接农产品生产基地与消费者的纽带，其选址往往决定着农产品物流的配送距离和配送模式，进而影响着农产品物流系统的运作效率。

一般农产品的配送模式有以下三种。

（1）农超对接。农超对接即农产品生产与超市直接对接，按照市场需求，农民进行生产。具体而言就是农户和商家签订意向性协议书，由农户向超市、菜市场和便民店直供农产品的新型流通方式，主要是为优质农产品进入超市搭建平台。

“农超对接”的本质是将现代流通方式引向广阔农村，将千家万户的小生产与千变万化的大市场对接起来，构建市场经济条件下的产销一体化链条，既可避免生产的盲目性，稳定农产品销售渠道和价格，还可减少流通环节，降低流通成本，实现商家、农民、消费者共赢。农超对接是国外普遍采用的一种农产品生产销售模式，目前，亚太地区农产品经超市销售的比重达 70% 以上，美国达 80%，而中国只有 15% 左右，可见这种模式在我国还有良好的发展前景。

（2）农社对接。农社对接即由农田到社区居民楼下点对点的直销模式，具体而言就是农民专业合作社在城市社区开设直销店、连锁店，面向社区居民直供直销合作社生产的农副产品，主要是为优质农产品进入社区搭建平台。农社对接是在农超对接基础上发展演变而来的，进一步减少了农产品流通环节，降低了流通成本，实现农民和消费者双赢。目前，已形成社区菜店（点）、车载市场、综合直销店和高端配送等多种类型的农社对接模式。

（3）农居对接或农家对接。农居对接或农家对接一般针对白领阶层和家中有老人、小孩、孕妇的家庭，以及中高收入家庭，主要配送净菜、营养套餐菜系、有机蔬菜、有机农产品、有机禽蛋、有机肉类等。最近几年发展快速的商对客电子商务模式（B2C）蔬菜配送正是这种模式的典型。

三、农产品营销管理

农产品营销在我国尚处于起步阶段。改革开放40年以来，伴随着商品农业的发展和农业劳动生产率的迅速提高，我国农业从生产型、数量型、自给型向品质型、效益型、商品型过渡。目前，我国农业仍处于从传统农业向现代农业发展的转型时期，农产品营销发展滞后，主要体现在农民的营销观念淡薄、市场营销体系不健全、营销主体缺位、营销模式单一、市场信息不畅通等方面。因此，加强培育农民的现代市场营销意识，规范农民的经营行为，积极开拓国际市场，借助网络营销平台，对扩大农产品交换，促进农业增效、农民增收具有重大意义[1]。

（一）农产品营销的特性

农产品营销是市场营销（指个人和群体通过创造并同他人交换产品的价值，以满足需求和欲望的一种社会过程和社会管理过程）的重要组成部分，是指农产品生产者与产品市场经营者为实现农产品价值进行的一系列的价值交换活动。

农产品营销的根本任务就是将生产出来的农产品以合理的价格、适当的流通渠道销售给消费者，以此解决生产与消费的矛盾，满足人们生产或生活的需求。

（1）农产品市场主体规模小且分散。当前我国农业生产仍以农户为主，生产规模小而分散，市场谈判能力较差，对市场信息的收集、分析能力的欠缺又导致生产存在盲目性，从而造成了农产品供给周期性波动的现象。规模小而分散的市场主体也使得农产品的流通环节过多，运输环节难以形成规模经济。

（2）农产品经营风险较大。农产品经营风险主要表现为市场风险和非市场风险两类。由农产品市场供求关系变化导致的为市场风险，而由于自然灾害、经营环境恶劣等造成的则为非市场风险。由于农产品批发市场价格波动幅度较大，致使从事农产品批发业务的中间商承担了较大的市场风险。农产品价格剧烈波动的原因在于：第一，鲜活、易腐类农产品不耐储存的特性，要求从产地运到销地批发市场后，无论高价低价，都必须在较短时间内出售；第二，规模小而分散的农产品市场主体在生产经营决策

[1]刘建芳．农业企业资产结构对企业经济效益的影响分析[J].湖北农业科学，2019，58（22）：226-228，238.

上的盲目性和机会主义，加重了批发市场农产品供需间的不平衡；第三，农产品批发商无法及时准确地获得市场行情信息也会导致农产品价格的波动，增加了农产品经营者的市场风险。

（3）缺乏促进农产品品质优化的流通机制。当前我国的农业生产中对化肥、农药的依赖性仍然较强，导致我国农产品虽然总体产量较大，但内在品质不高。近年来，随着人们生活水平的提高和绿色健康生活理念的普及，发展绿色有机农业成为一种必然的趋势。但是在目前的农产品市场上，农产品的供给者与购买者之间在产品内在品质上的信息不对称，导致了一般农产品将优质农产品排挤出市场的逆向选择。

（4）受政府宏观调控的影响较大。农产品是关系到国计民生的重要产品，由于农户分散的生产，且抵御市场风险能力有限，政府会实施扶持农业生产的政策来对农业生产和经营进行宏观调控，从而会对农产品市场的供需产生较大的影响。

（二）农产品营销及其管理策略

1. 农产品目标市场营销及其管理策略

目标市场营销是指企业向具有相近统计特征、相同爱好和需求的消费市场提供一种或几种特定产品，并集中力量满足市场需求的营销活动。一般从农产品市场细分、农产品目标市场的选择和农产品的市场地位三个阶段进行农产品目标市场营销。

（1）农产品市场细分。农产品市场细分简单地来说就是寻找差异化和共同性，在农产品总体市场中，按照地域寻找具有类似需求、类似购买习惯和行为的相同点，根据消费群体划分农产品总体市场，形成各个不同的细分市场。农产品市场细分是对消费者的不同需求或行为的分类，而非对产品或企业的分类。

1）农产品市场细分的标准。作为消费者市场的重要组成部分，农产品市场细分的标准有以下方面。

第一，地理细分。地理细分是根据消费者所处的地理位置和地理环境来细分消费市场，细分标准包括地区、人口规模、人口密度、气候、地形、交通等指标。其细分依据是：生活在不同地理位置的消费者，对农产品有着不同的需求和偏好。企业可以选择一个或几个地区经营，也可在整个地区经营，但应注意地区间消费需求和欲望的差异性。企业应努力使自身的产品、营销活动适应个别地区、城市甚至居民的需要。

第二，人口细分。人口是市场三要素之一，人口细分是指根据消费者的年龄、性别、职业、家庭、家庭生命周期、种族、宗教信仰、收入、教育、民族和国籍等人口统计变量，将市场划分为若干个不同的群体。人口变量是农产品市场细分的重要标志，也是四大变量中最容易测量的。例如，在一般情况下，收入与受教育水平越高，人们就越注重营养、质量与安全，因此可将农产品市场按照质优价高的标准来细分市场，如“有机蔬菜”“绿色农产品”等就能满足那些高收入且偏好优质农产品的消费群体。

第三，心理细分。指按照人们的个性或生活方式等变量对农产品市场进行细分。随着社会经济的发展以及人们生活水平的提高，特别是在生活比较富裕的地区，人们选购农产品受心理因素的影响越来越大。由于消费者的需求具有可诱导性的特点，企业可以采取一些措施来刺激人们的购买欲望，进而使其产生购买行为。例如，农产品生产流通中一些不规范的做法，造成农产品质量安全问题频发的信息会影响人们在购买农产品时的销售场所的选择，规范化运营的大型商超就成为人们购物的首选。

第四，行为细分。行为细分是按照消费者的购买行为因素，如使用情况、购买习惯、追求的利益、使用状况和使用频率、品牌忠诚度等对市场进行划分。例如，根据消费者追求的利益，可分为追求品质、经济、服务、舒适、耐用等；依据消费者的忠诚度，可分为无忠诚、一般忠诚、强烈忠诚、绝对忠诚等。行为细分变量中对农产品消费者影响最大的是品牌，尤其是农产品加工市场中品牌影响甚大，如牛奶市场中的“伊利”“佳宝”和“得益”等都有各自的忠实消费者群，而在一定程度上又存有差异，因此形成了各自的细分市场。

2）市场细分需注意的问题。

第一，市场细分的细分变数并非一成不变，而是动态的，要随着社会生产力与市场供求状况的变化而灵活变动。

第二，由于企业间的生产技术条件、营销资源状况和产品情况等存在区别，对同一市场进行细分时不同的企业应采用不同的细分标准。

第三，企业市场细分的方法，可以采用单因素细分法、综合因素细分法或系列因素细分法进行细分。

（2）农产品目标市场选择。农产品市场细分的目的在于有效地选择并进入目标市场。农产品目标市场是指农业企业或农产品营销组织决定进入并为其服务的农产品市场。农产品目标市场的选择一般是在市场细分的基础上，选择某一个或几个细分市场作为营销对象。

第一，要有适当的规模和发展潜力。作为农产品目标市场，首先要有一定的规模，即足够数量的顾客，能够保证企业有利可图；其次，目标市场要有一定的发展潜力，要适应企业长远的发展战略。

第二，要有一定的购买力。只有具备一定的购买力需求才是企业需要的市场，才能给企业带来足够的销售收入。企业在确定目标市场时，要进行消费者购买力分析，即使有潜在需求，但并不具备购买力的市场，是不能作为目标市场的。在分析购买力时，一方面要分析消费者的收入和经济实力；另一方面还要研究其不同的消费偏好和倾向。

第三，市场尚未被竞争者控制。企业确定目标市场时还要考虑市场的竞争状况，如果市场尚未被竞争对手完全控制，企业在该市场仍有发挥竞争优势的空间；如果竞争对手仅是表面上控制了市场，而企业自身实力较为雄厚，则仍然可以设法进入该市场参与竞争，以竞争与协作并举，配合公关和行政等手段，取得市场优势。

第四，符合企业经营目标和资源能力。企业选择目标市场时还要重点考虑企业现有的资源条件和能力、所擅长的和所能胜任的，只有当企业的人力、物力、财力以及管理水平等条件具备时，才能将某一子市场作为自身的目标市场。

（3）农产品市场定位。农产品市场定位是指经营者根据竞争对手现有产品市场的定位，并依据消费者的不同喜好和消费偏向，以此来打造自身产品的与众不同，让消费者熟知并获得认同感和购买需求，从而占领市场。从以下四个方面入手，可以更好地制订农产品市场策略。

第一，避强并进行差异性定位。企业在市场定位时，要从自身实力和产品特性出发，尽量避免与实力高于自身的企业或该行业领先的企业直接竞争，而要针对其他区域进行差异化选择，突出自身产品的优势和特点，区别于领先于自己的企业，以保证定位的准确和可行性。

避强定位既有优点又有缺点，风险与收益并存。避强定位相对风险较小，容易成功，因为其能够迅速在某一个区域建立市场，并将自身产品优先传递给消费者，树立品牌形象。但由于避开了较强企业，选择了差异性的地区，也意味着放弃了较强企业所拥有的优势市场，同时，自身选择的市场也有可能是最差或对发展不利的市场。

第二，迎头定位策略。它是指企业选择靠近于市场现有强者企业产品的附近或与其重合的市场位置，与强者企业采用大体相同的营销策略，与其争夺同一个市场。迎头定位除了风险性比较大以外，也存在很多优点，比如可以借助强者企业的品牌宣传优势，让消费者了解自己的产品，同时在竞争过程中，不仅推广了自己的企业和产品，而且易引人关注，有利于企业形象的树立。

第三，创造性定位。即以创新性思维，开拓新的潜在市场，用市场上缺乏而本身又具特色的产品填补新市场的空白。但创造性定位要求公司对新市场进行大量调查研究和分析，不仅要考量市场的大小，而且要分析产品的可行性，是否有相关技术作为支持，尤其重要的是新市场是否能为公司创造利益。

第四，重新定位。它是指通过发现或利用产品本身所具有的其他特性，改变已销售产品的市场形象及消费者认知，重新定位产品属性并提高市场地位的活动。当企业的产品在市场上的定位出现偏差、产品在目标顾客心中的位置和企业的定位期望产生分歧、消费者偏好发生变化时，企业往往需要考虑重新定位来摆脱困境。市场重新定位对于企业适应市场营销环境的变化是必不可少的，但在进行重新定位时，必须考虑到由此产生的成本及预期效益。

（4）目标市场营销策略。在许多可供选择的细分市场中，企业是选择一个还是多个细分市场作为目标市场，是企业营销的重要战略性决策。通常有以下三种策略可供选择。

第一，无差异性市场营销策略——采用相同的营销手段和方法，在市场上推广单一产品，以达到占领市场份额和满足多消费群体的需求。也就是不管细分市场的数量有多少，它们之间是否存在差异，只要抓住其需求的共同点，将所有细分市场看作一个总体的大市场，实行相同的营销方式和策略。但无差异性市场营销策略的前提是消费者对农产品的需求差异不大。如果消费者的需求参差不齐，则不适合采用这种方式。

无差异性市场营销的优点是：由于产品单一，可以实现大批量规模化生产、储存、运输和销售，因而可以降低单位农产品的成本，提高其市场竞争优势。其缺点是：单一的农产品无法满足消费者多样化的需求；一旦有竞争者提供了差异化的产品，就会造成顾客的大量流失；企业过于依赖单一产品，其市场适应能力较差，承担着较大的市场经营风险。

第二，差异性市场营销策略——发现差异，制造产品，满足需求。企业经营者有针对性地用不同的产品和营销方式满足各个细分市场中消费者的不同需求。因而，多元化经营的大型企业适合这种策略，小型企业和个体经营者因产品结构单一，不宜使用。

差异性市场营销策略因其产品多样性，受众群体大，不仅能促进企业的多元化发展，而且能够在增加销量的同时提高企业的经济效率。但也正是对产品多样性的要求，前期需要很大投入，企业资金压力大，生产经营复杂，管理难度大，单位农产品的生产成本及经营销售费用高。

在农产品市场产品同质化水平较高的情况下，采用差异性市场营销策略对企业而言意义重大。采用该策略时，企业进行的是小批量、多品种的生产，如面粉生产者推出加工程度不同、规格不同和系列包装的面粉，猪肉生产者生产分割肉等。采用这一模式的农业生产者，特别是规模较小的农业生产者，不宜将目标市场分得太细，因为过细的差异化营销会带来较高的营销费用。

第三，集中性市场营销策略——企业集中全部资源和力量，仅选择一个或少数几个性质相似的子市场作为目标市场，只生产一种较理想的农产品，实行专业化经营，力求在较少的子市场上获得较大的市场占有率。该策略一般为资源条件较差的企业或单个农业生产者所采用，如开发特色农业、生产特色农产品等。

集中性市场营销策略的优点是：企业将资源集中于少数子市场，有利于其快速占领市场，树立产品和企业的良好形象，能够节约营销费用，并获得较高的投资利润率。其缺点是：目标市场狭窄，企业产品单一，不能应对市场需求变动的风险。

集中性市场营销策略是农产品生产中普遍存在的一种模式。例如，种植加工专供肯德基炸薯条用的土豆品种，养殖专供中高档饭店用的基围虾品种等。

2. 农产品市场营销组合及其管理策略

农产品市场营销组合是指农业经营者为了扩大农产品销售，实现预期销售目标，对可控制的各种营销因素进行的合理组合与运用。农产品市场营销管理具有以下策略。

（1）产品策略。产品策略是指农业企业或农产品经营者根据目标市场的需要做出的与农业新产品开发有关的计划和决策。一般包括农产品的效用、质量、外观、式样、品牌、包装、规格、服务和保证等。农产品策略是农产品市场营销组合策略的基础，农产品策略具体可包括以下几种。

第一，大力发展优质农产品。我国农产品目前的现状是：价格低、重复性高、优质产品少。随着社会的发展和收入的增加，人们的消费观念也随之发生了变化，从低价格产品的需求转向优质产品的需求，农产品也是一样。所以，要提高农民的收入，农产品的开发应该朝着优质方向发展，增加产品的附加值，既符合社会发展的需要，也满足了消费者的需求。

第二，注重农产品的包装设计。农产品包装在农产品营销中具有双重作用，即对农产品的保护和促进销售的作用。精心设计符合农产品特色的包装既可以保证农产品的品质，延长农产品的储存时间，又增加了农产品的美观度，提高产品档次和附加值。

第三，树立农产品品牌效应。个性化的消费已成为社会经济发展中的主流。品牌的影响力已经深入人心，具有品牌效应的农产品也是消费者的优先选择。所以，要提高农产品的市场竞争力，就要创建农产品品牌意识并获得消费者的认可，以品牌为指导，产品特色为亮点，提高市场占有率。

（2）定价策略。定价策略是指农业企业或经营者销售农产品和提供劳务服务所实施的决策安排，一般包括农产品的基本价格、折扣、付款方式和信贷条件等。

定价策略是市场营销组合中最活跃的因素，企业定价既要考虑消费者的支付能力，又要考虑企业的成本补偿和利润水平。

农产品的定价应在充分考虑各种因素的前提下，以成本为底线，遵循优质优价的原则，对优质、特色农产品制订高价。针对农产品易腐、不易长时间储存及消费弹性小的特征，农产品的定价具有较强的灵活性。

（3）渠道策略。渠道即产品进入目标市场的通道，涉及产品的流通途径、储存要求、运输方式等。渠道策略即企业或经营者，在这一过程中所采用的各种方式方法和手段。而销售渠道是其中最重要的组成部分，不仅其本身重要，而且影响其他策略的实行，以下四种是常见的销售渠道及其优势分析。

①专业或集中市场。如农贸市场、批发市场等常见的专业市场，其影响力大、辐射范围广、产品集中的特点决定了其具有销售能力强，信息处理及时、市场应变快的优势。

②贸易公司或平台。通过中间渠道，如销售公司、电子商务平台等进行农产品的交易。既然有中间商的存在，就必然有其利益需求，农业经营者在关注自身利益的同时，也要注重合作伙伴关系的维护和利益的分配，才能让更多中介公司或平台参与到农产品的销售中来，创造更多的效益，实现互助共赢。

③大型或连锁超市。利用超市的特定区域或专柜进行农产品的销售。随着社会的发展，超市已经成为重要的购物场所，也是人们所喜爱的购物方式之一，将农产品展示在超市特定区域或专柜，不仅让农产品的档次得到提升，而且有利于促成交易的达成。

④终端或直接销售。不经过任何中间渠道或平台，直接将农产品销售给消费者。

（4）促销策略。促销策略不仅是市场营销策略的重要组成部分，而且能够推进其策略的达成。但并不是所有产品都适合促销策略，其中包括农产品。首先，促销的目的是在合理的预算范围内更好地达成销售目标；其次，促销应根据产品的特性选择适合的方法和手段，如人员推销、广告宣传等。

3. 农产品国际市场营销及其特色经营策略

农产品国际市场营销是指超越本国国界的农产品营销活动。世界上任何一个国家或地区的农产品市场都是世界农产品市场的组成部分，农产品国际市场是各国开展农产品贸易的空间平台。

目前，我国的农产品生产已经实现总量平衡、丰年有余，虽然要以扩大内需为主，但是也要重视参与国际市场竞争，扩大我国优势农产品如蔬菜、水果、花卉和畜产品的出口。

随着市场经济的发展和国际竞争的加剧，我国农产品要想在国际市场上站稳脚跟，突破挑战，只有实施以突出经营特色为主的国际营销策略，才能提高我国农产品的国际竞争力，在世界市场上获得发展。特色经营即是以差异化战略为指导，不仅要使用避强策略，更要在产品的价格和服务以及促销方式上扬长避短，以局部优势带动整体劣势的转变，获得发展所需的时间和空间。特色经营不仅能帮助企业准确地进行市场定位，找准发展方向，而且能够合理配置资源，提升企业的管理水平，在节约成本的同时提高经济效益，进而以独特的民族品牌和经营风格在世界市场上获得一席发展之地。农产品特色经营可以从以下几方面着手。

（1）产品特色。产品特色是指通过产品的差异性，提供国际市场上其他国家或地区没有的产品，以此来满足不同国家的不同需求，同时建立起品牌特色和市场优势。农产品特色经营必须以集中力量发展特色农业和建立具有国际优势的农产品为基础，其中包括以下方面。

第一，结合资源条件，发展精细农业。我国幅员辽阔，物种丰富，各地的自然地理环境和特色农产品各有不同，因此要充分发挥各地的特色优势，寻求各地的最大比较优势，定位农产品的最佳经营品种，把资源优势转变为市场优势，努力把农业办精、办特、办活。

第二，积极发展劳动密集型的特色种养业。发挥价格优势和产业优势，如蔬菜、水果等适合我国地理环境生长的产品，成本能得到有效控制，具有价格竞争优势，促进出口，继续提升市场占有率，大力发展具有比较优势的产业，如畜牧业，其出口比例已达到农产品出口总量的40%，竞争优势显而易见。

第三，对同一产品进行不同用途的开发，实现产品差异化供给。根据市场和消费者的不同需求，合理调配资源并有针对性地满足其需求，不仅能实现产品的差异化用途，而且有利于开发新市场。如同为柑橘，既能以水果的形式占领水果市场，又能以果汁的形式开拓果汁加工市场。

（2）品牌特色。品牌是指既彰显个性，又具有较高知名度的产品特色。品牌是农产品经营者利用各种手段和方法在国际市场营销中产品成果的表现。农产品品牌的打造有以下两种方式。

首先，产品品质的保证是建立品牌特色的前提条件，只有优质的产品才能在市场中获得消费者的认可，并逐渐形成品牌效应。

其次，大力发展农业龙头企业和农业优势企业，扩大品牌知名度。通过具有规模效益和品牌效应的农业巨头推动养殖业或其他行业的发展；同时，尤其是出口行业，要以提升产品的附加值为目标，对产品进行深加工处理，挖掘其延伸价值，才能在国际市场中拥有更强的竞争力，提高我国农产品在世界市场上的销量。

（3）价格特色。在市场经济条件下，价格与诸多因素相关，很难对其进行把控，尤其是在国际市场这个大环境中。有效的价格策略不仅能让产品迅速融入市场，而且能满足企业和消费者的双重利益，实现双赢。而差别定价策略在农产品国际营销中应用广泛，并具有明显的价格特色和营销效果。

第一，同类产品的差别定价。要对同类产品实行分级分等，按照不同等级制订高低不同的价格，按质论价的做法能使消费者产生货真价实的感觉，从而刺激其消费欲望，提高农产品的销量。因此，在对同类产品进行差别定价时，不仅要考虑产品本身的属性和价值以及符合消费者需求的本身自带的基本效用，而且要对其属性进行延伸，增加附加价值，如产品的包装、服务等。只有提升产品的延伸效果和附加价值，才能在满足不同消费者需求的同时为产品创造更多的收益。

第二，细分国际市场，按不同区域制订不同的价格。农产品国际营销者不仅要统筹全球市场，也要细分国际市场，把握各个国家和地区的经济发展状况，尤其是消费者的收入水平和购买习惯，并以此为依据，有针对性地对不同区域制订不同的价格。

（4）渠道特色。渠道特色是指根据自身经营条件，匹配与之相适应的销售渠道。有丰富国际营销经验的经销商或国际中间代理商可作为优先选择，既可以利用其国际优势加快我国农产品的国际市场开拓，又可以通过其管理方法和操作模式的学习，积累农产品经营者的国际营销经验。

开展与国际农产品经营企业或大型跨国公司合作，是我国农产品走向国际市场的重要途径，通过建立合作关系，外销内产相结合。借助跨国公司的全球营销网络是一种必然的选择。例如，大型跨国零售企业沃尔玛、家乐福等就将我国的大批农产品纳入其全球采购体系，通过其分布在多个国家和地区的分店在全球市场进行售卖。

4. 农产品网络营销及其模式策略

随着计算机科学技术和互联网技术的飞速发展和广泛应用，现代社会已经进入信息时代，信息网络正在深刻地影响着农业的发展。随着我国信息化工程的不断推进，农产品的网络营销越来越被广大的农产品生产者与经营者所接受。

农产品网络营销是指在农产品销售过程中，全程导入电子商务系统，利用网络技术、信息技术和计算机技术等，对农产品的质量、需求、价格等信息进行发布与收集，以互联网为媒介，依托农产品生产基地与物流配送系统，为地方农产品提升品牌形象、增进与顾客的关系、改善对顾客的服务、开拓网络销售渠道，并最终扩大农产品的销售，提高农民的收入。

（1）农产品网络营销的优势。

第一，有利于及时获取产品的市场信息。农产品供需信息的不对称加大了我国农产品的市场交易风险，而依托互联网构建的网络信息平台能够及时地将农产品的产品信息、供需状况、价格和市场行情等信息向社会公众发布，加快了农产品的信息传播速度，在一定程度上缓解了传统农产品销售模式中信息不对称的问题，提高了买卖双方之间信息沟通的时效性和互动性。同时，农业生产者可以通过互联网及时获取各类农产品的种植、养殖、生产和营销信息，并与其他同行或专家进行在线沟通交流，分享农产品生产的技术经验和营销经验，从而有助于制订科学的生产计划，降低盲目生产带来的经济损失。

第二，有利于降低交易成本和费用，提高生产效益。农产品网络销售模式为农业生产者搭建了直接与需求方进行交易的平台，通过网络与需求方直接联系，可以绕过中间商等环节，缩减了农产品交易过程中的谈判成本；借助自动的网上订货系统，可以自主地组织生产和配送，减少了对传统实物设备的依赖，降低了店面管理费用和销售人员费用等支出；另外，农户还可以网上购买种子、化肥等生产资料，实现生产采购成本的降低。

第三，有利于扩大市场规模，打造品牌效应。通过互联网，农业生产者可以自主进行产品信息的发布，极大地拓宽了产品的市场空间，增加了产品的销售机会，还可以通过网络销售平台将分散化的农产品交易信息进行融合，实现同类产品生产的规模化运作。网络营销的线上服务模式可以满足不同时空、不同地区需求方的需要，只要顾客有订单需求，就可以实时在线进行交易，提高了订单的成交速度。另外，网络环境下产品信息传播的速度及网络多媒体在声音、文字和图画方面的优势，都有助于农产品的形象宣传和品牌建立，提高品牌知名度。

（2）农产品网络营销模式策略。

第一，平台提供商模式。第三方平台提供商核准具有法人资质的农产品经营者开店，为农产品经营者提供服务并促成农产品的交易，但实际交易过程并不参与，只限于买卖双方，就像实体经济中的农贸市场一样，卖东西的只是加入农贸市场里的商家，而不是农贸市场本身。但经营者的管理能力和服务意识又要高于农贸市场。通过第三方平台，充分发挥其灵活性和扩展性，有利于农产品经营者根据产品的特性和市场要求，随时随地进行调整，如增加店铺、更新产品等。推广农产品电子商务，不仅能扩大电子商务的规模，而且加强了农产品经营者的自主性，有利于资金的及时回笼。在该模式下，产品的物流配送仍需借助专业物流企业完成，平台提供商仅提供物流配送信息的跟踪和更新。另外，这种模式无法对农产品的品质安全进行有效监管，主要依赖农产品经营者的自律。诸如天猫、京东等知名电商企业就是采用这种模式，使其吸引了众多农产品合作社、农业品经营商家入驻。

第二，销售商模式。该模式由平台提供商代理农产品的销售职能，农产品企业只负责提供产品。在该模式下，平台提供商可以凭借自身的电子商务经验，为经营企业提供有针对性的宣传、交易和交流沟通服务，解决网上店铺信息更新慢、内容简单、缺乏吸引力等问题，在一定区域范围内提供完整的物流配送服务并设立农产品质量安全准入机制。

第三节　新农村建设下农业经济管理实践

我国作为一个农业大国，农业生产面临着新的发展背景，在管理经济发展的过程中，要科学规划农业经济管理，合理定制方案，同时针对性调控详细的经济建设目标，把控好整体经济发展中农业经济发展的比例，加强对农业经济发展的规范化管理，进而有效提升农业经济发展整体水平。此外，要紧跟国家经济发展相关政策，并以此为大体方向，认真研究农村经济建设中的各种问题和面临的各种困境，进而通过经济管理的方式来解决过程中的系列问题。

一、农业经济发展中的问题

（1）农民尚未充分认识农业经济管理。在我国，大部分知识分子都在城市生活且工作在机关事业单位、企业等，农民处于文化劣势地位，文化程度普遍较低，只能不断输出劳动力，由于传统农耕时期劳作模式已经被固化，加上农民思想不够解放，墨守成规，一直沿袭过去的劳动方式，这在一定程度上成为农业经济管理的障碍。当前，尽管劳作模式有了一定改进，一些农业合作社或是种植大户已经零星出现，但是这些农业发展模式仅存在于部分地区，大多数农民对于这种现代化方式持观望状态，没有过多了解，没有较强的积极性，不能及时响应国家号召。同时，农业经济管理相关的知识宣传不够到位，未达到全面普及。因此，发展进程中就会存在农民在政府对农村经济管理中配合度普遍较低，以至于政策执行力不足，进而影响农村经济的进一步发展。

（2）尚未建立新背景下的经济管理体制。随着市场经济体制发挥越来越重要的作用，发展能力也有了很大提升。那么，农业经济的发展也越来越受到市场经济的发展影响。所以，在经济管理过程中，要紧紧围绕市场经济发展的长远目标，科学合理安排新时期农业经济的发展规划。要让工业经济、农业经济和市场经济三者进行制度融合，互相促进有效发展，使农业经济与系统的社会发展结构有效衔接。与此同时，也要加大对体制相对市场滞后问题的重视，要从全局角度看问题，仔细研究农业经济中的不活跃因素，分析农业经济发展中可持续发展的有利因素。

（3）尚未建立专业的农业经济管理人才队伍。由于我国地广人多、物产丰富，农业生产规模较大，但是农业发展核心不够明确，地区间存在较大的发展差异。长久以来，农业生产处于粗放发展模式，多是家庭化、小规模的生产方式，土地生产水平较低，农业劳动生产率低下。

要走出以上的农业发展困境，要加快农业经济发展转型升级，就要尽快建立专业化、立体化、多层次的农业经济管理人才队伍。首先，要从国家层面进行顶层设计，为农业发展确定准确的目标；其次，要从农业专家角度把控好农业经济发展方向，借助农业经济合作社等多种形式，最大化发挥地方特色，有的放矢，因地施策，打造出一地一品的特色品牌；最后，政府部门加大宣传力度，通过农业专职人员，着力推广现代化的发展理念和管理模式，帮助农民打破禁锢，解放思想，加快农业经济全面发展。

二、新农村建设下农业经济管理工作策略

（一）普及现代农业经济管理知识

（1）明确政府主导。在农业经济管理过程中，政府始终占据着举足轻重的地位，对于农业发展有主导作用，农业相关部门不仅要给予农民经济补贴，更要给予知识补贴。

（2）强化市场引导。市场能在无形中宣传，也最有话语权。要形成国家主导方向、市场引导发展、农业专业人员强化指导的方式发展新时期下的农业经济。

（3）加大农业人员的知识普及力度。事实上，一个地区的农业水平与该地区农业从业人员的专业水准成正比。因此，政府不应该只注重农民的知识普及力度，也要加大专业农业人员的知识普及，加大培训力度，最

高效地推广现代农业管理理念[1]。

（4）加大农民的知识普及力度。农民始终是农业生产活动和农业经济管理的中心，既是直接参与的主体，也是改革的受益主体。要想农业经济管理取得很好成效，就要多做农民的思想工作，尽快普及现代农业经济管理相关知识。

（二）转变农业经济管理模式

在农业经济管理模式转型实践过程中，要注重将农村经济建设与经济发展管理充分结合，还要将农业经济的整体规划和新时期下新农村经济建设过程中的细节化经济管理有效融合，要将能否提高农民生活质量和提升农民生活水平作为农业经济管理的重要标准，也要及时改变发展方向，逐步转向绿色农业经济和食品安全。

因此，要发展农业经济，不仅要追求经济的高速增长和经济的高效率，也要合理把控农业经济增收效益在其中的影响力，对其有足够的了解。要注意商家在经营生产过程中的规划化、系统化，从而让农产品生产、经营交易流通更加公平。同时，也要从整体经济发展角度出发，有序规范化发展目标，从转变农业生产模式开始，逐步提高农业经济在市场经济中的占比，让农业经济高质量、高水平发展。

（三）完善农村经济建设管理体系

农村的经济发展建设是一个循序渐进的过程。要提升农业经济的质量和水平，就要不断完善农业经济管理体系，随着新农村经济的发展变化，要将逐步完善经济发展建设中的经济管理体制作为重点。与此同时，用制度化的方式优化升级管理工作，逐步建立起适应当前市场经济的农业经济管理体制，最终实现农业经济高速发展。

（四）加大农业经济管理人才队伍的培养

在经济发展管理工作中，要严格把控农业经济相关具体工作质量。在管理农业经济的过程中，要管理好经济管理人员自身，划定具体的工作范围，明确具体工作职责，另外还要限定管理权利。

要注重农业经济发展管理工作成效和工作效率，通过一定的管理方式和手段做好管理工作，实施各种工作措施促进管理工作水平提升。当前我国正处于新农村建设阶段，要采取有效的经济管理措施实施经济建设管理，

[1]寇荣．新农村建设背景下农业经济管理措施 [J]. 中国市场，2020（01）：69+78.

在农村经济、农业经济的发展过程中，要紧跟国家相关政策并积极响应国家号召，要充分了解和足够认识农业经济管理的意义和价值，可以通过举办农业经济管理相关的交流大会的方式实现定期交流定期沟通，不断创新发展、推广和使用农业经济管理方式，逐步提升农业经济管理水平。在管理过程中，要审核和把控管理实施人员的具体管理资质，管理人员要接受正规合理的培训之后才能上岗工作。只有全面、专业、系统的管理培训，才能让管理人员充分认识到自身对于管理工作的重要性，还有农业经济对整体社会经济建设与发展的重要性。

在我国当前开展新农村建设的形势下，要加速农村经济发展建设，要注重强化并监督农业管理措施在农村经济管理中的适用效果，也要通过严格培训，建立起专业的农业经济管理人才队伍，更要将以农民尤其是农业种植者为中心宣传讲解农业经济管理知识，让农业经济管理工作更好、更有效地开展。

第六章　企业经济管理模式的创新与实践

当前，我国社会经济水平的不断提高，为各行各业的企业发展带来了诸多机遇，在我国新形势的背景下，企业面对竞争愈发激烈的市场如何创新管理模式，保持在市场中的竞争力，成为企业运营管理的重要问题。本章主要围绕市场营销角度下企业经济管理模式、合规角度下企业经济管理模式、知识经济背景下企业经济管理模式的创新、低碳经济下企业经济管理模式的创新以及新常态下企业经济管理模式的创新与实践展开论述。

第一节　市场营销角度下企业经济管理模式分析

有效的经济管理可以提升企业的竞争力，促进企业的健康可持续发展，从而为企业日常的生产与活动提供良好的条件。在企业实际发展过程中，企业应当根据自身的实际情况，制订完善的管理机制，加强经济管理，满足市场多元化的需求，从而提升企业的市场竞争力。

市场营销是通过某种特定手段向消费者推销产品且使得消费者认可该产品的过程，在该过程中，商家产品所占市场份额逐渐增加，从而推动商家企业的生产发展。市场营销的过程中，必然会产生一定的推广成本，但是只要收益高于产出，那么商家就处于不断获利的状态。为了实现商家在市场营销中的收益效果，必须实行财务管理。财务管理是以增加企业经济收益为目的的商业活动，因此，在市场营销中适当利用财务管理的相关手段，在一定程度上可以推动企业实现收益最大化的理想效果。

一、企业市场营销环境的变化

市场营销环境在一定程度上也可以被称为企业经营的市场环境。它是指所有能够影响企业经营活动的外部不可控制因素的总和。企业经营活动受到其经营环境的一定影响。根据环境因素对企业发展的影响力度可知，企业经营环境可以分为两个部分，分别是宏观环境层面和微观环境方面。企业发展的市场微观环境因素包括企业本身、原料供应者、营销推广者、消费者、企业竞争者以及民众群众。而市场的宏观环境主要由人口、经济、自然、技术、政治、文化六个因素组成。

二、企业经济管理的模式

（一）建立科学高效的管理制度

企业在其发展进程中，必须要制订与其相关的持续性发展战略，该战略的制订必须以企业的实际发展情况为依托，在此基础上再针对性地进行经济管理体系的相关改革，从而科学有效地填补企业管理体系中存在的部分不足和漏洞，借助相关的管理制度对员工形成约束，从而推动企业朝着科学公正的方向发展。例如，工程施工建设管理中可以采取精细化的管理手段，完善其使用的管理体系，逐步强化工程建筑进程中成本的精细化核算，既有助于加强工程成本的掌控，还有利于推动项目建设的有效发展。同时，为保证企业管理的制度化与常规化，必须构建健全的管理制度体制，从而保证在施工进程中，对新技术与新材料能够加强管理，在保证施工质量的同时，能够尽量地降低工程成本，从而提高工程建设相关企业的经济收益。同时，应当开展工程人员素质培养活动，促使工作人员能够养成良好的施工习惯，这样一来，既能够确保工程建设的基本质量，还能够有效减少施工成本的投入。

建立健全的、科学高效的管理体系，规范企业行为、员工行为，同时激励员工为企业的良好发展献言献策，为企业的未来发展创造一个良好的环境，为企业的发展提供制度体系保障。

（二）完善企业内部监督管理机制

建立健全的企业内部监督管理机制，能够快速发现企业管理中存在的不足与问题，从而针对问题进行有效的调剂和改进，进一步确保管理模式的完善。企业在经济管理模式中加强创新改进，既有助于强化内部监督制度，确保该制度的完善，同时促进其发挥企业管理的相关职能。经济预算本钱对企业的后期发展有着极其重要的影响作用，科学公道地调控本钱预算机制才能够保障核算结果的高效准确。企业监督完善，本钱预算进程中也应当进一步完善风险管理机制，充分斟酌企业经济管理模式进程中的各类风险，建立风险预警机制，有助于提高企业的风险应变能力，避免企业在发展进程中出现更多经济损失。

（三）转变企业思想

目前，我国很多企业依然沿用原有的旧经营管理模式，管理理念没有创新思维，不但不利于企业自身的发展，也会对我国的市场经济造成冲击。一些大型的国有企业为了成为行业中的排头兵，率先改革自己的经营管理模式，引进世界上最为先进的管理思想，但好的思路在实际应用中没有完全发挥出作用，以致于企业管理的过程中出现了很多意外的问题，对企业发展造成了负面影响。为了有效避免这些情况的出现，在企业管理创新过程中需要理论联系实际，不可盲目改革，只有这样才可以促进企业的稳定发展。

企业在实践发展进程中应当创新经济管理模式，可以采取先进的科学技术，增进企业信息化发展，有助于为企业发展营建良好的发展环境。企业在发展进程中有效调剂经济管理模式创新技术方法，实现经济管理模式完善的同时，以先进的技术手段加强模式创新。同时，应当根据实际情况和市场的多元化发展需求，有针对性地调剂经济管理计划，确保企业经济管理模式能够满足市场营销的多元化需求。

第二节　合规角度下企业经济管理模式分析

在现代企业的经营管理过程中，经济管理居于重要地位，因此合规企业的经济管理模式对企业的发展意义重大。

一、合规化现代企业经济管理模式的重要性

现代企业管理是指企业经营管理者按照经济规律的要求，依照现代管理的原则、程序和方法，计划、组织、指挥、协调和控制企业生产经营活动，以实现企业经营目标的过程。这个过程由一群才华出众的管理人员，运用现代管理的基本职能，领导其他工作人员努力完成企业经营业务。由此可见，管理者在管理过程中应是一批出类拔萃的优秀人物，他们在企业员工中居于主导地位，他们有责任将员工行为引向共同的奋斗目标；有能力履行管理的各项职能，完成既定任务；有办法加强与市场各种关系的协调和处理，充分运用和配置社会的多种资源为企业服务。可以这样认为，凡是在现代企业中负担计划、组织、指挥、协调和控制全体员工的生产经营活动的人就是现代企业的管理者，其在企业的发展过程中具有至关重要的地位，主要包括两个方面：其一，对企业的经营管理过程进行理论化分析，

找到企业的发展优势和市场发展规律，经过科学化的计算，确定产品生产所需的原材料成本和人工成本，进而确定产品的定价，确保产品在市场上具备良好的竞争力；其二，以企业为经济体系的主体，从宏观层面制订适应企业发展规律的经营制度，同时密切注意市场发展，以便在面临市场波动时及时调整管理方式确保企业的可持续发展。

二、合规化现代企业经济管理模式的策略

（1）灵活设立企业组织机构。企业组织结构的概念有广义和狭义之分。狭义的组织结构，是指为了实现组织目标，在组织理论指导下，经过组织设计形成的组织内部各个部门、各个层次之间固定的排列方式，即组织内部的构成方式。广义的组织结构，除了包含狭义的组织结构内容外，还包括组织之间的相互关系类型，如专业化协作、经济联合体、企业集团等。

（2）扩大企业品牌影响力。品牌定位之后，可以通过多种方式进行品牌营销，如传统的印刷媒体广告（报纸、杂志、火车时刻表等）、电子媒体广告（电视、网络、电子显示屏等）、户外广告（广告片、海报车厢广告等），展示广告不是仅仅通过以往的橱窗，而是要在一些大城市、消费能力强的地区建立自己的专门门店，品牌专营。当然，网络营销也是不容忽视的。对于越来越多的年轻人而言，网购已经成为一种习惯，其消费能力也是惊人的，他们正是产品大量潜在的客户群。此外，网络销售也是低成本进入国际市场的最佳途径。

（3）科学评定企业经济管理。在现代企业中，管理者思想观念往往就是一个企业的文化，与其说企业员工执行企业的文化，倒不如说是贯彻企业管理者的思想，这样的情况在民营企业中更为多见。在国有企业中，管理者决定企业发展方向时，虽然要受到更多约束与限制，但在法律、法规、政策以及行规等的框架内，国有企业的发展方向仍然离不开企业管理者的战略思考，当以企业文化建设来提升企业核心竞争力成为一种趋势时，国有企业的企业文化建设同样也与管理者的思想息息相关，所以企业管理者发挥着重要的作用。

管理是企业永恒的主题，是企业实现健康快速发展的根本保证。管理创新工作，在科学总结多年管理实践、大胆吸收先进管理理论和经验的基础上，充分调动企业职工参与管理创新的积极性和创造性，通过狠抓人本管理和成本管理，提高全员素质，导入市场机制，促进实现和谐管理"高境界”和全员自主管理”高目标”，走出市场经济条件下的管理特色之路。不断探索适应企业自身特点的管理模式、管理方法和管理手段，开展质量

管理小组、安全管理小组等活动，向管理要效益，推动企业提高管理水平，组织企业管理人员分析查找企业管理中存在的薄弱环节和突出问题，为加强企业管理出主意、动脑筋、想办法，推进企业管理制度化、规范化、科学化和现代化。

第三节　知识经济背景下企业经济管理模式的创新

作为世界市场经济中的重要组成部分，我国必须要迎合时代的发展需求，对知识经济背景下企业经济管理创新进行思考，在此基础上提升企业经济管理质量，让知识经济成为内在的动力，推动企业的良性发展和可持续发展。

一、企业经济管理的重要意义

分析企业的经济管理内容，主要是按照某一方案的计划实施的，为了实现当前目标实施的工作流程模式，目的在于提升员工的实际工作效率，提升员工的工作积极性。在企业发展中实施经济管理措施，能解决很多企业发展中存在的弊端，明确企业发展方向和目标，使其处于正常的发展轨道中，实现自身的良好发展，不断提升企业的实际竞争力，提升企业发展的经济效益。从企业的管理过程来看，需要管理者关注自身经验的总结，完善业务创新，实现企业的完善管理，鼓励员工实现自身才能，为企业发展创造价值。在企业发展的过程中，完善自身的经济管理内容是实现其获取新利润和经济效益的有效保障，占据了整个社会市场发展的良好竞争优势和发展潜力。

二、基于知识经济的企业经济管理创新策略

（一）完善经济管理制度

（1）基于企业经济发展规划的管理制度。落实管理制度是促进企业长久稳定发展的基础和前提。在企业经营发展过程中，管理制度应当在企业经济发展的各个领域中得到落实，从而对企业全体员工形成约束，让所有人员通过有效的管理制度明确工作方向，使自主管理意识得到激化，从而增强员工实践管理制度的主动性和积极性。在责任制背景下明确自身需要落实的工作内容，实现知识经济的有效落实。

（2）建立完善的监管制度。完善的监管制度可以提高经济管理的科

学性。从目前情况来看，很多企业在经济管理活动中为了降低经营成本，将监督制度与领导管理制度相互融合，这样不仅会增加领导的管理压力，还会导致监督制度无法落实，从而对企业的经济管理成效造成影响。因此，企业经济管理应当建立独立的监督部门和监督制度，并设置独立的监督人员，对经济体系的运营负责，保证企业的经济管理不受人为因素的干扰，让经济管理处在一个正常的运营状态。

（二）创新人力资源管理

人才是21世纪企业竞争的核心和焦点，在知识经济体系背景下，这一点尤为突出。在知识经济中，“知识”是核心内容，优质高效的人才是完善知识、变革知识和创造知识的核心。作为从社会上选拔优质人才的主要管理形式，人力资源部门要清楚地认识到人才在知识经济背景下的发展方向，利用发展的眼光，对人才所带来的知识经济价值进行深入探析，将知识型人才的文化价值和经济价值充分挖掘出来，成为推动企业发展并增加企业经济收益的主要动力[1]。

（三）改变企业经济管理理念

企业经济管理是企业经济发展的前提和基础，企业经济要朝着健康的方向发展。从目前情况来看，在知识经济背景下，企业经济管理理念比较落后，这也是知识经济背景下企业经济管理效率较低的原因之一。对企业经济管理理念进行创新是知识经济背景下企业经济管理人员亟待解决的问题。第一，管理理念要和企业发展、市场发展以及时代发展同步，确保管理理念能够提升企业的综合实力和企业经济体系的科学性；第二，要明确企业经济管理方向。知识经济背景下企业经济发展态势要迎合可持续发展理念，在这个基础上朝着战略性管理理念和危机感管理理念两个方面进行深入研究。前者注重经济的整体规划，后者更注重居安思危。通过对创新方向的明确，达到提升企业经济管理成效，从而推动企业可持续发展的目的。

第四节　低碳经济下企业经济管理模式的创新

低碳经济下应当保持企业发展的最理想状态，优化过去的发展模式，

---

[1]庞素华．知识经济背景下企业经济管理的创新对策[J]．黑龙江科学，2019，10（01）：124-125.

创新企业的管理理念。正面应对企业发展，引入新型模式开展企业管理，结合低碳经济实际需求，推动企业的健康稳定发展。

一、基于低碳经济企业管理模式创新的意义

发展低碳经济有利于企业管理模式的创新，其意义主要表现为以下三个方面。

第一，降低企业成本，提高经济效益。低碳经济是社会发展的需求和趋势，企业要获得持续稳定的发展，也必然要适应社会发展的潮流。同时，发展低碳经济并将其理念应用于实际经济生产中，有利于企业更好地适应市场的变化。政府也会加大对低碳经济的推广力度，出台相关政策引导，如大力发展新能源，这在一定程度上限制了含碳能源和材料的应用。因此，企业只有将低碳经济应用于企业管理中，采用新技术，开发新能源，充分发挥新能源的优势，替代或降低对碳能源的依赖，才能适应市场和环境的变化，在降低成本的同时提高企业经济效益，同时又满足社会生态发展的需要。

第二，提升企业文化底蕴。传统的企业管理、企业文化以提高企业经营效益和扩大企业品牌价值为目的，并没有关注随着社会经济的不断发展，低碳经济这一重要价值的体现。企业要发展低碳经济，就必须将低碳文化渗透或纳入企业文化中，在可持续发展理念的指导下顺应市场文化发展趋势，以经济发展完善企业文化，同时又以文化促进经济发展。企业文化是企业经济发展的基础，同样，低碳文化是低碳经济发展的基础，所以，只有不断完善企业文化，在时代要求的前提下才能更好地促进经济的发展进步。

第三，加快企业产业转型和技术升级。在社会经济不断发展进步的环境下，传统的企业管理模式也受到冲击，并难以适应社会发展的需求，逐渐被时代淘汰。低碳经济的兴起，对企业来说是一把双刃剑，既会冲击传统行业，高能耗、高排放的企业将面对资源不足、环境保护的需求等一系列问题因素的影响；同时又能促进新兴行业的诞生，以低碳环保的理念为指导，开展节能减排的改革创新活动，优化产业结构，提升企业整体竞争力。所以，机遇与挑战并存。尤其在竞争激烈的当下环境，企业只有在低碳经济的指导下，加快产业转型与升级，合理配置并使用资源，才能在竞争中保持不败之地。

二、基于低碳经济企业管理模式创新策略

抓住低碳经济的发展机遇，适应社会发展的趋势，不仅要求企业相关人员加强对各个领域成功经验的学习，而且要具有创新精神，不断改善企业管理模式。为保证我国企业在低碳经济的环境下持续稳定发展，以下几点可以作为参考。

（一）构建企业低碳经济管理的发展机制

第一，确立以低碳经济作为发展方向，建立发展战略。低碳经济不仅符合国家发展战略的方向，又体现了可持续发展的理念，是企业改革管理模式和生产方式的引路人。企业只有加快产业转型，优化产业配置，开发新能源替代高碳能源或摆脱高碳能源的依赖限制，进一步打好可持续发展的基础，才能更加有效地建立低碳发展战略。同时，在企业经济发展过程中，运用科学合理的生产方式，统一规划、协调管理，严格控制碳排放量，尤其是人为可直接减少的碳使用量，加快由高碳向低碳排放量的转变。

第二，开拓绿色产品市场。为了适应低碳经济的发展，绿色产品和生态经济是企业发展的方向，因此，在企业管理过程中，要以现有实际情况为基础，坚持创新，多维度、多领域开拓绿色发展路径，并以可持续发展观作为指导。更为重要的是产品研发初期和市场开发阶段，低碳绿色理念要始终贯穿其中，指导产品的开发和市场的发展，开创低碳环保经济以及企业发展的新体系。

（二）构建绿色企业经营管理思想体系

首先，企业经营管理以低碳为价值导向。企业发展不仅仅以提升效益为目标，同时应注重与环境、能源的协调统一，不能以过度消耗资源、破坏环境为代价，这就要求企业转变价值观念，加强低碳经济的学习和认识，并将其融入企业文化中，不仅要宣传教育低碳经济，还要组织实践活动，认识到低碳经济对企业发展和个人的重要性，使其成为企业经营管理价值系统的重要方面。价值导向和企业文化的指导又为低碳经济的顺利发展提供了有力保障。

其次，意识到低碳管理的重要性。低碳经济是一个全新的概念，任何事物的发展都是从陌生到认同，低碳经济也不例外，要发展低碳经济，首先要求企业人员在主观上了解它，才能做到行动与理念一致，不至于出现偏离，沦为形式主义。企业低碳管理意识的提高，需要从多方面、全面系统地进行，如企业生态发展观、人才培训、财务政策支持等。其中，节能减排意识的提高尤为重要。针对节能减排，近年来，我国开展了许多与此

相关的活动，并取得了良好效果，但由于很多企业对节能减排重要性的认识不足，问题依然存在。所以，加强员工培训、知识讲座等活动提高企业及人员，尤其是管理者的低碳意识非常重要，只有意识提高了，才能将节能减排真正落实在工作中。

（三）改革低碳经济下企业管理机制

第一，改革企业管理组织形式。良好的组织机构和有效的管理方式是企业经营和各个生产环节衔接有序的保障。因此，企业在管理目标的基础上，应结合自身实际情况，将管理形式与低碳理念相融合或直接创建新的低碳组织机制。优化企业管理层次，扩大企业组织管理范围，充分发挥新组织在管理功能方面的优势，为企业管理模式的创新和优化提供保障。

第二，改革企业人力资源管理制度。人力资源管理部门是企业文化建设的核心部门，只有在人力资源管理的过程中坚持以人为本和低碳理念，才能更好地建设低碳企业文化。因为人力资源管理并不限于管理，更在于人才的选拔和培养。在人才选拔方面，发现并留住符合企业发展需要、具有节能减排意识并热爱环境的人才，做到人岗匹配，人尽其才，为企业创造出最大的效益和贡献。在培训方面，不仅依据企业的自身特色制订职业发展规划，而且宣导低碳环保理念，提高企业人员对低碳经济的认识并指导其实际工作，真正做到节能减排。同时，创建一支具有共同价值观的高效团队，为企业组织管理的低碳经济构建打好基础。

（四）构建低碳经济的企业监督机制

首先，构建企业预算监督机制。企业的有效管理和科学决策是基于有组织、有计划的经营管理的前提的，低碳经济便提倡这一点。通过建立科学并符合低碳理念的预算监督体系，可以监督企业预算的制订和执行，其是否满足低碳经济的要求，同时，监督可以有效地促进企业预算管理工作的顺利开展。

其次，构建企业成本控制监督机制。企业成本控制是企业管理中的重要方面。因此，建立企业监督机制时应重点考量对企业成本的监督，使企业生产和管理等各方面的关系得到明确。同时，以成本控制为基础，建立与各管理职能相对应的监督机制，让成本监督落在实处，而不仅仅是流于形式。只有加强成本控制监督机制，才能更好地降低企业成本并提供经济效益，使企业管理永远处于优势。

低碳管理势在必行，因为它符合全球经济发展趋势和人心所向，同时有国家政策作为引导。全球气候变化使得环境问题日益突出，也增加了人们对气候问题的顾虑，在这一背景下，新的消费方式和国家政策也会随之出现，改变世界商业的走势。因此，可持续发展和低碳经济显得尤为重要，企业管理只有以此为基础和战略导向，才能在瞬息万变的市场环境中抓住机遇，获得发展。

企业是我国国民经济体系中的重要组成部分，社会的全面和可持续发展离不开企业，因此，企业的健康稳定发展是我国经济发展的基础，并占据非常重要的地位。企业低碳管理模式的推行，符合社会发展和国家政策的需求，对企业而言不仅是机遇，而且可以借势发展，同时也是应当承担的社会责任，保证人与自然的和谐统一。所以，企业相关人员要转变思想，加强对低碳经济的认识，深刻理解低碳经济与企业管理之间的相互关系，发现原有管理模式的不足，明确低碳经济的创新意义，以低碳经济管理机制为导向，以生态绿色环保思想体系为指导，在全面的企业监督系统下，促进我国企业的健康稳定发展，推动社会的全面可持续发展。

第五节　新常态下企业经济管理模式的创新与实践

在近些年的发展当中，我国的经济水平获得了质的飞跃，而综合国力也有了很大程度上的提升。随着经济全球化的逐步推进，我国的经济发展开始与世界经济相接轨，不仅获得了非常多的发展机遇，还面临着更多的挑战。在新常态背景下，为了合理应对经济发展过程中的各项挑战，企业应当针对自身的经济管理模式进行多方面优化，积极采用一些创新科学的管理办法，尽可能生成科学而高效的经济管理模式，以提高自身的市场竞争力，形成良好的经济发展状态。

新常态背景下我国企业经济管理的创新路径体现在以下几方面。

一、创新企业管理理念

在新常态背景下，我国企业经济管理要想获得全面的创新，必然需要对基础的管理理念进行创新。现如今，我国企业之间的竞争非常激烈，企业管理者应当跟随国家政策的引导，积极地创新管理理念，并且应当合理应对新常态下的各种挑战，深入展开市场实践，进一步开展经济管理的创新。在企业管理理念的创新上，需要完全打破传统管理模式的局限性，注重于塑造全新的企业管理模式，并且应当在提高企业经济效益的基础上，积极打造企业声誉，以为顾客提供更加良好的服务，满足顾客需求[1]。

二、创新经济管理机制

在企业经济管理的创新过程中，应当对基础的经济管理制度进行优化，并且需要保持与时俱进的先进管理理念，使得经济管理机制能够切实迎合当前时代的发展需求。在经济管理机制的创新上，企业应当以自身的发展特点为基础，持续加以创新，尽可能规避各种风险，多方面推进企业的健全发展。随着国内经济的进一步发展，企业必然会面临更多的挑战，为了在市场当中保持稳固的经济发展活力，企业需要改变传统的管理层次结构，更多地采用精简管理模式，拉近管理者与员工的距离，使得企业管理能够更加便捷有效，也能够及时得到员工的信息反馈，形成强大的经济管理凝聚力，更好地应对外部挑战。

三、积极培养创新型管理人才

在企业经济管理的创新实践当中，管理人才属于非常重要的推动力量，如果没有高素质的创新型管理人才，那么企业的经济管理创新也就无从谈起。在经济新常态背景下，国内的大多数企业都认识到了创新型人才的重要性，并且开始积极从外部招收一些经济管理人才，但这些新人本身对于企业的经济管理状况并没有完善的认知，需要一步步地加以培训和引导才能推动经济管理工作创新。为此，企业还应当从自身内部来积极培育创新型管理人才，加强对管理人员的全新管理认知和技能的培育，并且要以一定的薪酬福利作为引导，使得管理人员能够形成良好的学习态度，持续提升自身的专业素质，进而使得相应的管理工作开展变得更加科学完善。此外，企业还应当引导全体员工树立创新型管理理念，促使每一名员工都能够参与到经济管理当中，逐步提高企业经济管理的科学有效性。

综上所述，在新常态背景下，国内企业的经济发展面临着非常多的挑战，并且也存在着许多的不足之处。为了充分迎合当前时代的发展机遇，企业应当在国内经济政策的引导下，多方面把握全新的经济发展方向，积极创新当前的经济管理模式，逐步改变企业全体人员的经济管理认知，使得企业能够形成统一的创新管理氛围，为企业经济发展形成更加良好的推动力。

[1]荣艳．新常态背景下我国企业经济管理的创新路径探讨[J]. 纳税，2019，13（33）：235.

第七章　数字化企业经济管理创新实践

随着信息技术的迅猛发展，人类社会已经进入了一个以数字化为表征的新时代。本章主要探讨数字经济技术与相关法律发展，数字经济、创新创业与企业的转型发展，数字化企业营销管理创新，数字化企业资源创新管理，数字化企业协同创新管理以及数字化企业战略实践创新管理。

第一节　数字经济技术与相关法律发展

随着现代信息技术的快速发展，以互联网和人工智能以及大数据为基础的数字经济，以前所未有的速度向前发展。但是任何事物的发展都具有两面性，在构建数字经济的过程中也存在数据信息泄露和自动控制失败的风险。从法律层面上讲要制定相应的法律，避免出现新的风险。同时，也应该预计到实施法律后产生的干预后果与产业发展之间的关系，要为企业顺利发展减少不必要的风险，以免立法过度危害企业正常运作。

互联网和人工智能的使用在很大程度上减少了社会风险因素，主要是因为这种新产业造成的危险性要远远低于传统产业带来的危害。同时，这种新技术的应用也极大地降低了传统产业造成的风险，因此极大地提升了人类生存环境的安全性。

一、对新产业，法律适度的不作为也是作为

到目前为止，中国移动支付已经取得了骄人成绩，其总体规模已经是美国移动支付的 90 倍，但是如果当初就对移动支付实行严格的审批制度和强有力的监督措施，支付宝就很难取得成功。也就是说，如果对一种新兴产业秉持过于严厉的态度，对其进行严格管控，我国数字经济也很难取得今天的成就。

在对待新的产业时，法律不能人为设置阻碍其发展的障碍。任何新生事物在初始发展过程中难免出现一些不确定因素。从理论上讲，法律应该严格约束可能出现的风险，但是也不能过度干预新兴产业。不能在新兴产业还没有具体行动之前，就利用相应的法律对其严格控制。如人们在刚开始实施人工智能计划时，法律就已经规定人工智能不能超越人类智慧极限。实际上，电脑和汽车在一定程度上都属于机器人行列，这些机器设备的某一种功能比人类强也是正常的，人类的运算水平被电脑超越，但是凭借人类的智慧马上就能研究出新的设计算法。和动物相比，人类拥有非常强的适应能力和进化能力，当机器的能力超越人类传统能力时，人类就会开动脑筋研发出具有新能力的机器。如果能够正确认识这个问题，法律限制人工智能发展就没有实际意义，更不能提前设置新兴产业发展的障碍。在对待新兴产业时，法律要秉持创新不设界限，技术不存在原罪的概念。应当在 5G 和 loT 以及区块链和人工智能方面加快发展速度，并形成一批具有一定科技含量的新型企业。可以说，法律规定禁止使用原子弹，但不能限制研究原子弹技术。

二、法律建立的目的是促进经济发展

如今我国互联网经济已经日臻成熟，此时立法规范发展已是大势所趋。但是数字经济刚刚萌芽时，应以法律形式引导其创新发展。

首先，设立法律的目的并不是人为地为创新设置障碍。美国特斯拉是一家民营公司，2018 年就已经发射了重型火箭，并开始了探索火星的征程，界定这种创新行为的性质就是一个问题，如果以国际竞争高度来认识这个问题，这种以创新为目的的高科技产业就不会受到任何人为限制。法律要确保公私企业以同等条件享受金融以及政策方面的支持，并打破垄断限制，让民营企业有机会参与金融、通信以及航天等行业建设。

其次，法律不能从表面看是否正确，这是没有实际价值的，制定法律的目的是进一步提升发展的空间，并没有道德方面的约束。如 2018 年欧盟制订的 GDPR，以法律角度对个人信息实施严格措施，防止泄露个人隐私，从一定程度上而言，这种方式起到了保护隐私的作用，是道德正当和政治正确的表现，但是这种做法制约了互联网产业的正常发展，世界著名的互联网公司没有一家属于欧盟成员国家，这就是一个很好的例子。

立法要具有全局高度，从为人类发展的角度认识数字经济的重要性，使数字经济成为促进经济发展的动力和源泉。

第二节　数字经济、创新创业与企业的转型发展

一、数字经济与企业转型发展

信息技术日新月异的发展所形成的新技术革命，使人类社会进入了“数字经济时代”，大数据、云计算等支撑的人工智能、共享经济等成为前沿概念。中国的现代化目标必须在此背景下以创新发展来实现。企业在竞争与发展中，应当认识与把握“互联网 +”与“+ 互联网”所形成的发展大趋势，力求在“共享经济”取向上锐意创新，争取取得市场优势。

企业是实现创新和参与市场竞争的主体，在发展数字经济的过程中怎样实现转型发展，是企业必须面对的重要课题。下面从三种角度认识数字经济时期企业面临的转型发展问题。

（一）信息时代的特征

从全球范围来看，人类正处于新技术的革命时代，也是高度信息化的时代。信息时代的最初称呼是数字化生存，并一直延续到今天的数字经济时代。在以数字化形式生存、贯通和互动发展过程中，从最初的互联网发展一直延伸到如今的移动互联，智能手机的普及已经对人们的生活产生了很大影响，它也是移动互联背景下个人生活的物质载体。随着移动互联的广泛应用，它的影响范围已经得到极大拓展，从平常的经济活动和商业活动逐渐延伸到移动商务、移动银行、移动保险以及其他移动经济行为。

构成经济社会生活的所有成分都是在云计算、大数据等技术的支持下以移动互联的方式存在着，或许很多人并不明白其中的原理，这和只有少数人能够懂得薄薄的液晶显示屏能够显示丰富多彩的影像一样，其原理就是通过云计算和大数据处理，不断呈现出多种信息。再就是人们非常关注的人工智能这个概念，在共享经济时代，它越来越贴近人们的日常生活。目前，在很多领域经济运行规则已经悄然发生改变，数字经济以其特有的创新发展模式改变着人们的生活。

（二）认识与勾画发展大趋势

当前经济社会的发展趋势可以概括为“互联网 +”和“+ 互联网”相互结合。很多创业者选择互联网行业作为发展对象，将互联网和其他行业有机结合起来，在相互影响、共同促进的过程中实现创新发展。互联网不

仅可以与金融结合起来，它与很多看似没有实质联系的企业、经济主体和行业都能发生关系，它在生活中的具体表现就是将线上和线下充分结合起来，为人们提供便利的服务，如智能化控制家庭中的电器，通过手机调控家中冰箱、微波炉等电器设备，这种现代化的控制手段为人们生活带来了极大便利。这种智能化操作方式提高了人们的生活质量，实现了升级发展，同时它具有绿色、环保、节能的优点。

（三）企业转型中的数字化大趋势

企业跟随数字化大趋势的转型可以分为以下三类。

1. 新技术企业的转型

高新科技企业的定位就是实现技术创新，以此带动企业实现高质量发展，其发展方式要以低碳绿色为基调，努力实现规模化发展，达成既定目标。这种发展模式一定要以产品升级换代为主。高新科技企业并不注重转换经营模式，因为它已经属于转型的高新技术企业，其需要关注的是怎样突破瓶颈，得以又快又好地发展[1]。

高新技术企业可以与其他具有战略性质的新兴产业融合起来实现创新发展。这种高新科技与新兴战略结合要以新能源作为基本定位，突出信息技术的优势，同时借助互联网技术实现高新技术企业快速发展。

2. 传统产业中的企业

传统行业特别希望实现升级转型发展。改变原有的经营模式，提高发展质量是一种非常明显的进步。在以往传统行业里，企业生产往往与人们的日常生活息息相关，与社会成员的日常需求有着直接关系。传统企业要实现转型升级不仅要注重高科技含量，而且要与企业生产实际结合起来，不能一刀切，在所有企业中引入高新技术，如餐饮行业要在生产经营方式和特色上下功夫，在确保食品安全和味道的基础上，引入外卖机制，扩大市场占有率。可以考虑为一些较大的产业园区提供餐饮后勤服务，以赢得更大市场份额。

3. 特殊的企业

当前，需要根据要求对很多融资平台实施转制措施，但是这种转制模式不能简单模仿传统的贷款、公司债券以及市政债券形式，满足地方政府的一时需求。转制要与数字经济紧密结合以实现升级转型。如有些企业要转变为功能相对单一的公共服务机构，也有一些企业根据城市建设的总体

[1]贾康．数字经济时代的企业转型[J]. 扬州大学学报（人文社会科学版），2019，23（02）：15-20.

需要进行不动产投资，改善城市生活环境。

二、创新创业与企业转型发展

我国经济已经暂时告别快速增长时代，新常态是对当前经济形式的精准概述。对于企业来说，我国经济已经迈入求新创业的转型时期，这种转型包括企业产品的升级换代，提升企业运营效率，拓展新的商业增长模式，开发新领域等。

（一）创新创业企业转型的优势

企业实施创新创业的优势主要表现在以下方面。

（1）创业者实践经验丰富。企业创业转型主要有三种方式：第一种是企业家根据自己的计划二次创业。很多企业家喜欢创业，他们将已经运作成熟的企业交给其他人经营，自己转变思维重新创业。第二种是企业家的后代或职业经理人创新创业。他们坚持企业发展创新的经营理念，成为新的带动企业前进的力量。第三种是企业内部骨干人员创新创业。企业为内部人员提供创新平台，激发员工创业欲望，拓展新的业务。这三种人都具有多年的企业实践运作经验，是比较合适的创业人选[1]。

（2）转型企业有着广泛的市场运作基础。首先，创业者经历了多年的企业经营实践，拥有大量客户资源和人脉。其次，可以直接使用母体企业已经构建的业务网络，从而缩短创业孵化期和加速期，以便尽早占领市场。同时，利用强大的互联网力量助力企业实现快速发展。

（3）母体企业强大的实力为转型创业提供有力支持。转型创业企业有了这种支持后，没有了后顾之忧，就会集中精力创业攻坚。转型创业企业有时会进行一定规模的融资，但是其经营体系并不因此受到制约，可以无偿使用母体企业的知识产权和技术。同时，母体企业可以为其提供专家支持，帮助转型创业企业逐步壮大。

（4）转型企业能够实现投资闭环操作。创业企业的最终目的是帮助母体企业实现转型发展，因此采取并购方式建立退出机制，并且要提前规划，这样可以有效实现资金的闭环运作，形成正常的投资运作体系。

（二）创新创业企业转型的新方法

面对复杂多变的创业环境，转型创业企业要采取新的办法，积极应对创业道路上出现的各种问题，提升转型创业成功率。

[1]王澜．转型创业：传统企业转型的现实出路[J]．企业管理，2016（08）：23-26.

（1）母体企业在对待转型创业企业时，要以投资人的态度处理相互之间的关系。转型企业同样具备比较强的生存与发展能力，能够独自面对创业路上的风风雨雨。在拥有企业内部业务价值的同时，转型企业也要具有资本市场价值，能够持续获得资本市场支持和外部融资支持以及正常的退出机制。母体企业要根据市场机制决定是否持续投资转型创业企业。

（2）转型创业企业要具有独立地位。转型创业同其他创业形式一样，是一种全新的事业，不能过多纠结于和母体企业之间的各种矛盾与冲突。尤其不能将母体的管理原则和制度生搬硬套到新企业，更不要将转型创业企业作为母体企业的分支机构。首先，转型创业企业和母体企业一般分属不同的行业体系，有着不同的产品属性，母体企业的管理体制与转型创业企业的体制不能完全重合。其次，母体企业遇到的问题，从表面上看与所处的商业环境有关，但其实质则是商业发展模式不能契合企业实际，更深层次的原因是企业文化和管理制度。照搬母体企业的管理制度会将相应的管理模式和企业文化渗透到转型企业中，这样就束缚了新企业的发展。所以秉持一种有效治理但不是管理的模式，同时以支持而不干预的心态对待转型企业就显得非常重要。

（3）转型创业企业要具备迭代思维意识。和工业时代相比，现代化信息技术支持下的转型创业已经发生了根本性变化。在传统工业时代，市场必须建立在实体开发的基础上，才能有效运转，这种方式会导致较高的失败率。而随着现代化信息技术的快速发展，可以利用先进的互联网手段验证转型创业创意，这种创意在线上得到认可后，再逐步在线下推开，如果创意没有得到认可，则可以重新设计，这样就极大地降低了创业失败率。同时，可以根据客户反馈意见，完善产品或服务，这样可以加快产品更新换代速度，提高成功率。迭代思维的最显著特点就是快速和成本较低。

第三节　数字化企业营销管理创新

数字化营销是21世纪营销发展的新趋势，数字化营销的产生和发展无论是对传统企业营销管理的理念、组织结构等，还是对企业的营销管理都将产生巨大的影响。企业要实现长久稳定的发展，关键就在于如何在这场变革中成功转型。基于上述原因，企业要具有一定的预知能力和预见性，要顺应时代潮流，紧跟时代步伐，树立起全员数字化营销管理的思想理念，搭建数字化营销平台，借助数字化传媒技术助力数字化营销发展。

一、数字化营销对企业未来营销活动管理的影响

细看市场营销理论的产生和发展历程不难发现，当生产力或生产方式发生改变时，市场营销的方式和理念也会随之改进和革新。那么，随着当前计算机技术、网络技术、通信技术、现代数字化技术等不断发展，企业市场营销方式和市场营销理念必然发生重大变革。企业营销活动会受到数字化营销的影响，可以从以下几方面研究。

（1）数字化营销使市场更加个性化。由于数字化营销，传统、有形、狭小的小市场渐渐走向虚拟、现代、广阔的大市场。同时，数字化营销具有全球化、技术化、个性化的特征，这让企业拥有了更多商业机会。此外，目标市场也在发生变化，更具个性化，对营销的要求也更有深度，需要实现一对一定制营销，市场竞争也就变得越来越多样化。怎样更加科学有效地进行市场选择与市场分析、怎样逐步满足消费者的个性化需要、怎样制订更加适合企业自身的营销策略，这些都是数字化营销给企业营销管理活动所带来的新的挑战和问题。基于此，企业只有加强发展，不断创新，才能立于不败。

（2）数字化营销降低了全球市场准入藩篱。由于数字化营销所借助的营销策略和技术手段的特殊性，各个大中小型企业都有可能进入相同的市场，而且渠道相同、成本相近、推广方式相似。那么，中小型企业就具有了与大型企业一决高下的基础和机会，大企业将四面楚歌，面临着更多层次企业带来的挑战，同行业竞争者大量增加，市场竞争必将更加激烈。数字化营销在为每一个企业带来新的发展机遇的同时也带来不小的挑战。

（3）数字化营销提高了企业科学化管理效率和水平。由于科技的不断进步和全新信息化进程的加快，人类正在逐步进入新的全球经济时代。在此过程中，对于企业的要求也在不断提升，尤其是管理手段和管理方式的信息化和科学化，而这正是现代化科学管理的一大重要标志。在包含市场营销管理在内的企业管理现代化中，网络技术和计算机信息技术既是最基础的技术保障，也成为其顺利发展的基础前提。数字化营销对于企业的生产经营有着更加高质量的要求，如更加多样、更加现代的管理方式和更加先进的思想理念，与此同时，数字化营销能帮助企业进一步提升管理效率和经营管理水平。

二、企业数字化营销管理的创新途径

（一）建立支持数字化营销的组织体系与形式

要实现数字化营销，企业要将其视作一种全新的经营战略，要作为一

种综合性战略计划在全企业范围内实施，采取这种战略计划的企业坚定地认为其能在很大程度上提高企业的竞争能力，促进企业的长久发展，要竭尽全力实施数字化营销战略计划。

企业要构建起高质量的组织体系。可以从三方面着手：其一，领导人牵头负责，专门负责数字化营销活动，承担制订总体发展战略和数字营销活动计划的职能；其二，成立专职队伍，负责完成所有数字化营销活动的相关活动和任务；其三，加大资金支持，建立起完善的数字化基础设施，为数字化营销计划做好保障。此外，数字化管理应摒弃传统“金字塔”结构，建立起“扁平型”结构，才能与数字化管理相适应。

做好数字化管理的技术支持。因特网技术、企业外部网技术、企业内部网技术、通信技术、人工智能技术、计算机硬件技术等都是数字化营销中必不可少的强有力支撑，为企业识别营销信息，获取、传输和利用营销信息提供了便利。

将数字化营销理念植入企业文化中。要树立起有利于数字化营销发展的企业文化，其中包括企业荣誉感、团队精神和员工良好的职业道德等，最重要的也是最根本的就是要有企业领导人的大力支持。

（二）建立现代数字化营销新概念

在企业的经营发展过程中，全球网络营销数字化是一条必由之路，其既包括有形的企业电子化、网络化，也指无形的网络营销数字化重新定义营销。尽管全球网络营销数字化存在风险，但是不进行全球网络营销数字化企业所面临的风险指数会更高，故企业网络营销数字化中，最大的困境挑战就是降低风险的同时让改革成效最大化。所以，建立全员数字化营销概念是企业最关键的一步。企业领导必须起好带头作用，将企业营销数字化放在重要位置，从全局观念上提高对企业营销数字化的认识。加大员工教育培训力度，组织员工参加相关知识培训，提高其数字化意识和数字化素质。

（三）统筹规划与分步实施

企业数字化工程是全面的、系统的，要遵循“统筹规划、逐步升级、循序渐进、阶段实施”战略，从理论上来讲，企业的数字化建设应该分四步走：第一，电子化，将手工的转变为电子的就是信息电子化过程；第二，信息化，即将有用的数据信息提取出来；第三，知识化，就是在大量数字信息中找到具有重要意义的部分，或是具有普遍规律的信息，或是对企业发展有指导意义的信息；第四，网络化，即共享有用的信息。

（四）建立数字化企业营销平台

实行数字化营销的主要目标就是借助先进的技术手段和数字化方式，有机整合营销信息资源，通过合理有效的管理进行系统营销。所以，建立系统的数字化信息架构最关键，只有这样才能将各种营销信息系统有效衔接，将营销信息网络化、系统化地保存，进而实现最大可能的管理和共享。例如，雅戈尔营销数字化平台集成卖场库存数据、总公司产成品库存数据、分公司库存数据、总公司原材料库存数据、总公司在制品库存数据、卖场销售数据、运输能力、生产能力等资源信息，打破各信息系统间的壁垒，实现服装公司的信息透明与即时共享[1]。

要建立数字化营销信息平台，就要统一营销信息架构，实现电子化、数字化，尽最大可能收集、管理、存储营销信息资源（内容），在同一个标准和规范之下连接不同的营销信息。所以，首先就要将分散、独立的营销信息资源整合到一个统一的数字化平台中，其次，要最大可能地保障信息资源可用性和安全性。

建立数字化营销平台需要分三个时期：其一，业务整合时期，首先尽可能把所有营销信息综合整理在同一个存储平台上，让信息资源具备共享前提；其二，网络化存储时期，借助网络存储技术将多应用中的营销信息通过网络连接；其三，信息管理时期，通过之前建立的数字化营销平台对所存储的营销信息进行合理有效的管理。

（五）利用数字化媒体

人们的生活方式和社会经济水平都在跟随时代发展不断变化，尤其近些年来，信息大爆炸时代来临，信息量迅速膨胀，加之各种高新技术的发展，营销广告媒体与日俱增。实际上，在当前社会中，凡是能影响到人的感官知觉的物品都可以成为营销广告媒体。以前，人们日常使用的就是杂志、电视、报纸、广播四大媒体。现如今，在高科技的发展推动下，许多媒体专家创建了新的传媒方式，这些新型传媒将电视、广播和报刊的好处集于一体，将全球多样多元的媒体信息聚于一网，完全地改变了人们的沟通交流方式，推动一场巨大传媒变革的发生，如手机媒体、网络媒体等。企业要顺应传媒潮流发展，借助数字化媒体充分提高企业营销活动的实际成效。

[1]梁弘秀，范仲文．企业数字化营销管理研究 [J]. 商场现代化，2005（05）：83-84.

第四节　数字化企业资源创新管理

一、数字化企业的创新型资源投入

传统观念认为，技术创新过程是一个线性的过程，是按照研究、开发、生产、销售的模式进行的。根据这一模式，技术创新的业绩取决于其投入水平，即研发的投入强度和参与研发的科研人员数量。因此，很长一段时间内，企业仅仅把研发投入水平和研发人员数量作为衡量技术水平的重要指标。在数字化企业的开放式创新体系下，技术创新不再是一个简单的线性过程，而是一个复杂的、多部门、多主体密切协作的综合的系统，开放创新体系将吸纳更多的创新要素。

从开发模式来看，中国企业的创新模式是封闭的，研究开发部门与其他部门缺乏有机的联系，企业的新产品研制活动与大学、研究机构的科研项目相分离，互不往来。但是，对技术创新能力的影响，除了研发投入，更为重要的是创新模式，中国企业封闭的创新模式是导致技术创新能力缺乏的最根本原因。因而，在开放式创新模式下，仅用研发投入来衡量企业的技术创新水平是不完整的，企业技术创新的任务不能仅仅依靠研发部门来实现，在企业内部的每一个成员都有提出创新思想的权利和责任。成功的创新活动需要研发部门、生产制造部门和营销部门的所有成员加强沟通和联系，共同为用户解决问题。因此，在企业内部用于提高企业技术创新水平的投入，除了研发投入外，还应包括非研发投入。具体包括新产品的生产性准备投入、新产品试销费和员工的技术学习费用等。

数字化企业的开放式创新体系下，企业不能仅仅依靠内部有限资源成功地实现创新，获取外部知识的能力也变得越来越重要。用户尤其是领先用户直接参与创新，将加快技术创新的速度和提高技术创新的成功率。同样，供应商也是主要的创新者。基于以上角度，企业资金研发投入、企业知识投入、非资金研发人员投入三部分构成企业内部全面创新资源投入。以企业创新投入来衡量企业技术创新水平，以创新投入占企业销售收入的比重替代研发投入占销售收入的比重来反映技术投入的强度将更为合理和完整，研发投入依然是企业创新投入的重要组成部分，增大创新投入，对企业的发展有无比重要的作用。

二、数字化企业信息与知识创新管理

（一）信息与知识的创新

1. 信息创新

信息，指音讯、消息，是一个抽象概念，很难用统一的文字对其进行定义，这是由其具体表现形式的多样性造成的。信息普遍存在于自然界和人类社会活动中，它的表现形式远远比物质和能量复杂。信息是一个发展中的动态范畴，它随人类社会的演变而相应地扩大或收缩。总的来看，信息所涵盖的范围是不断扩大的，可以断定随人类社会的发展，信息的范畴将进一步扩大。作为一个概念，信息的定义呈现出多定义而又无定义的局面。一般来说，与信息这一概念密切相关的词语包括约束（constraint）、沟通（communication）、控制、数据、形式、指令、知识、含义、精神刺激、模式、感知以及表达。信息是人们在适应外部世界并使这种适应反作用于外部世界的过程中，同外部世界进行互相交换的内容和名称。

与任何科学技术活动一样，技术创新活动是个源源不断产生知识并加以不断发展的“流”，这个“知识流”也是一个“信息流”。只有在及时获得有用信息的基础上才能使技术创新活动有效地进行，取得更好的绩效。产品创新始于构思形成，即系统化地搜寻新产品创意。

对新产品构思的搜寻必须系统地进行，许多创新构思来自企业内部。企业可通过正规的调研活动找到新构思，还可撷取科学家、工程师和制造人员的智慧。此外，企业的高级管理人员也会突发灵感，想出一些新产品构思。企业销售人员也是一个好来源，因为他们每天都与顾客接触。

好的新产品构思还来自对顾客的观察和聆听。企业可通过调查或集中座谈的方式了解顾客的需求。企业可通过分析顾客提问和投诉能更好地解决消费者问题的新产品。或者企业工程师或销售人员可以与顾客见面听取建议。通用电器公司电视产品部门的设计工程师就是通过与最终消费者会谈的方式来得到新的家用电器产品构思的。企业可以从观察和聆听顾客的过程中学到新的内容。

消费者经常制造新产品来自用，企业如果能找到这些产品并投放到市场中，便能获得利益。顾客也是构思已有产品新用途的一个好来源，这些新用途能够扩展市场和延长产品生命周期。竞争者是新产品构思的又一个好的来源。企业可以通过观察竞争者的广告以及其他信息，从而获取新产品的线索。通过购买竞争者的新产品，可以观察产品运作，分析产品销售，最后决定企业是否应该研制出一种自身的新产品。

销售商和供应商也会有许多好的新产品构思。转售商接近市场，能够传递有关需要处理的消费者问题以及新产品可能性的信息。供应商能够告诉企业可用来开发新产品的新概念技术和物资。其他构思来源包括贸易杂志、展览和研讨会、政府代理机构、新产品顾问、广告代理机构、市场营销调查公司、大学和商业实验室等。

综上所述，不同的行业和创新种类，创新源有着极其显著的差异，除了企业内部的研发机构外，用户、制造商、供应商、竞争对手等都可能是重要的创新源，职能式创新源数据见表 7-1[1]。

表 7–1　职能式创新源数据

创新类型样本	创新开发者				创新样本数	
	用户	制造商	供应商	其他	未记入	总计
科学仪器	77%	23%	0	0	17 个	111 个
半导体和印刷电路板工艺	67%	21%	0	12%	6 个	49 个
Poltrusin 工艺 — 纤维产品生产	90%	10%	0	0	0 个	10 个
铲车相关创新	6%	94%	0	0	0 个	16 个
工程塑料	10%	90%	0	0	0 个	5 个
工业气使用	42%	17%	33%	8%	4 个	16 个
热塑料使用	43%	14%	36%	7%	0	14 个
电缆终端设备	11%	33%	56%	0	2 个	20 个

2. 知识创新

知识是符合文明方向的，人类对物质世界以及精神世界探索的结果的总和。知识也是人类在实践中认识客观世界（包括人类自身）的成果，它包括事实、信息的描述或在教育和实践中获得的技能。它可以是关于理论的，也可以是关于实践的。在哲学中，关于知识的研究叫作认识论，知识的获取涉及许多复杂的过程：感觉、交流、推理。知识也可以看成构成人类智慧的最根本的因素，知识具有一致性、公允性，判断真伪要依据逻辑，而非立场。

[1]易高峰．数字经济与创新管理实务 [M]. 北京：中国经济出版社，2018.

竞争优势理论建立在简单的公理之上：一个公司的资源必须比竞争对手利用得更好。诸如人力资源、机器设备等属于某一特定组织的内部资源，是公司的资产，这些资产在履行职责时需要比竞争对手更有效率，产生竞争性利润。

资源基础观认为资产的形式有两种：战略性资产和非战略性资产。非战略性资产是普遍可获得的，而战略性资产则是独特的，并且只为少部分人所拥有。战略性资产支撑着组织的长期性成功。作为战略性资产的知识满足以下四个特点。

（1）有价值。新的组织知识有利于产品、服务、工序、技术和员工竞争力的提升。组织在创造新机会或面对挑战时所获取的新知识能够帮助组织获得并保持战略竞争优势。

（2）稀少。组织知识不仅依赖于员工对实践经验的总结，而且还依赖于组织特定的文化、历史，甚至以往员工的经验，这就是为什么它是稀少的原因。

（3）难以模仿。组织知识不仅依赖于个人对信息的理解，还依赖于组织文化、历史和组织所积累的经验。集体理解和知识的同化依赖于集体内所有成员的协同作用。因此，不同的团体或组织会以不同的方式考虑问题。

（4）不可替代。既然集体或组织的独特优势是组织成功的关键，那么成功背后的知识应是不可替代的。

因此，为了建立并保持竞争性优势，核心竞争力必须是难以效仿、不可替代、具有持续性并且非透明化的。组织能力可以定义为能使得公司持续提高效益或效率的动态性常规，它存在于公司如何接受或回应变化的隐性知识中。在发展核心竞争力的科学中，组织学习和知识管理被紧密地联系起来。为使资源产生竞争性优势，公司必须以独特的方式对其进行运用，或者掌握一些关于其功能的独特知识。从这个方面来看，管理知识和学习的组织能力是一项核心竞争力。

（二）创新信息与知识管理观点

研究者和学者们对知识管理有着不同的看法，包括从技术解决方案到实践社团和最佳实践运用等。现有的关于组织知识管理系统构成的观点主要有以下三种。

（1）技术观点强调通过应用高级软件、硬件和基础设施来支持知识获取和组织学习。这个视角的基础是利用技术工具增加信息和知识的可理解性。技术知识管理系统运用不同的技术，如电子信息、网络浏览、电子任务管理、文件管理、分享数据库、电视会议和可视化工具、群体讨论工具、数据库和其他的新兴工具等，来发掘、储存、创造和运用知识。然而，尽管运用这些工具是很重要的，但由于它们的普遍性，它们本身并不是战略性资产。

（2）知识管理不仅是一个人力资源的议题，还涉及组织文化和团队工作。一个强劲且积极的组织文化是促进学习，开发和分享技能、资源和知识的关键。

（3）在特定的组织文化中，技术与个体的相互作用才能形成组织的战略资产。根据这个观点，知识管理是一个关于隐性和显性商业政策和实践的社会性技术系统，这个系统要求策略集合同技术基础、商业程序、人类智慧慧力和组织文化的有机组合。

（三）信息与知识管理的创新方式

管理知识创造要求个人和团队分享信息、经验和见解。新技术能够促进这个过程的进行。在知识创造过程中，公司必须进行两项关键的活动：收集和连接。连接维度包括将需要知道信息的人和知道此信息的人连接起来，从而开发培育知识的新能力。连接是必要的，因为知识是体现在个人与组织的关系当中的。在进行收集和连接时，组织必须要注意二者之间的平衡。

对于许多公司来讲，降低通信交流的成本和使用计算机网络能够促进知识的分享。良好的信息环境可以使人们更容易在一起工作，而不用考虑时间和距离的限制，这是通过对组织知识库提供即时性访问进而为使用者创造价值来实现的。例如，电子网络使得访问世界范围内的专家成为可能，团队也可以远距离合作。服务台和咨询服务在与人联系和快速回应问题方面是非常有效的，它们提升了循环周期，为顾客提供了价值组织黄页，让雇员得以与正确的人联系并提升他们的技能。然而，一个仅仅聚焦于联系而不注重收集的组织是非常无效的。

收集维度涉及技能的获取和传播。信息交流技术促进了对内容的整理、储存和检索。通过内容搜集所获得的知识对未来的使用者是非常有用且易获得的。然而，即便能够全面地收集资料，要想对其有效地应用则要求对其进行智慧性和专业性的解释并结合具体的情况以产生有效的结果，这是通过员工进行的。因此，完全聚焦于收集且不对人员进行交流能力培养的组织往往只能获得静态的文件库。知识管理项目必须以获取整合管理知识方法为目标。这个目标可以通过平衡交流过程和收集过程而达到。例如，如果收集的文件与作者相连接，并包括其他互动的可能性，则这些文件将变得更加动态、更加有用。

为了检验知识项目（knowledge programme）的知识性结果，可以定义四种主要的知识管理策略：反应性策略、机械性策略、有机性策略和适应性策略。反应性知识管理策略，描述了对环境变化的简单反应和被大众所接受的策略；机械性知识管理策略中，知识管理项目的实施受制于 IT 技术的实施和应用，即技术驱动策略；有机性知识管理策略强调了从组织的人员和文化方面建立和实施知识管理项目，即文化 - 人员驱动策略；适应性知识管理策略是一种新兴的形式，它平衡了组织的人员方面和技术方面以获取学习和组织灵活性的最优化，即社会性技术驱动策略。

需要强调的是，适应性策略形式的长期发展使得公司在知识管理的实践日益成熟，但也出现了相关的问题。适应性策略优于有机性策略，有机性策略优于机械性策略，而机械性策略优于反应性策略。这些策略可以投射到两个方面：交流和收集，这个映射强调了组织可以从多个路径来实现知识管理。多年来的发展表明，知识管理策略有向适应性策略发展的趋势，这是平衡社会和技术以持续性地获得知识的方法。

三、数字化企业人力资源的创新管理

（一）数字化企业的人才特性

（1）创造性。相对于一般员工来说，创新型人才更喜欢做前沿性、挑战性的研究，他们的求知欲很强，从事的不是简单重复性工作，而是在易变和不完全确定的系统中充分发挥个人的资质和灵感，应对各种可能发生的情况，推动着技术的进步，不断使产品和服务得以更新。创造是他们体现自我价值的方式，创新是他们的生活方式。

（2）很强的学习能力。创新型人才追逐专业知识前沿，不断学习，与最新知识保持同步的需要和强烈愿望。技术人员的工作能力依赖于知识而非其他外在工具，知识是创新型人才赖以生存的技能。随着行业技术的日新月异，员工必须不断学习，与专业知识前沿同步，才能使自身的观念技能、行为习惯适应技术革新的要求。因此，创新型人才跟踪新技术、学习新技术的愿望很强烈。

（3）不崇尚权威。专业技术的发展和信息传输渠道的多样化改变了组织的权力结构，也改变了高新技术企业（或科研院所）的组织结构。技能的特殊化和重要性往往使创新型人才对其上司、同事和下属产生影响，从而决定了创新型人才在企业（或科研院所）中的影响力。自身在某一方面的特长和知识本身的不完善使得创新型人才并不崇尚任何权威。

（4）具有开拓精神。创新型人才不墨守成规，喜欢做挑战性的工作，敢于冒险。有事业心的创新型人才应该勇于突破在借鉴前人优秀成果的同时，又不拘泥于他们的条条框框当中。这种挑战性的工作具有风险，创新型人才可能做了多年甚至更长时间的研究，换来的却是失败。这就需要创新型人才有足够的勇气。

（5）有好奇心，能够拼搏。心理学研究表明，好奇心具有强大的推动力，并且使人发挥出超常的创造力。创新型人才的性格特征中应该有强烈的好奇心，这样才能引起对未知事物的好奇，研究出优秀的科技成果。此外，同时具有独创精神和团队合作精神，也是创新型人才非常重要的素质。

（二）人才的创新激励

1. 企业研发人员的类型划分

研发人员主要是指从事新产品或技术的开发，以及现有产品或技术的改进的相关人员。在分类上，可以有两种方式：一是按照专业划分，如产品开发、硬件研发、软件研发、工艺研发等；二是按照级别划分，如初级研发人员、中级研发人员、高级研发人员、研发专家等。在具体应用上，两种分类方式往往需要结合起来。首先，可以根据企业的实际业务，对研发人员按照专业类别划分岗位序列，其次，可以设计研发人员的岗位发展通道。

2. 不同层次研发人员的具体需求

企业应分析不同层级研发人员的需求，有针对性地设计以下相应的激励方案。

（1）基础层。高科技企业中，处于基础层的研发人才，一般工作经验尚浅，其需求的重点首先是温饱问题，所以对于基本薪酬、短期奖金、基本福利会更加重视；其次，他们还追求职业发展，因为他们都希望自身有一个光明的前途，因而会渴望接受更多的知识，期盼更多学习“本领”的机会，即参与各种研发项目。除此之外，由于工作的特点，他们更多时候是独立或团队工作，而研发工作本身决定了他们需要更多的“灵感”。所以，在工作时间上他们更希望“弹性工作制”，从而利用自身最佳工作状态进行研发。

（2）骨干层。骨干层研究人员是企业的中坚力量、研发工作的重要执行者。他们的需求在薪酬方面，往往更注重“内外部对比”，要想吸引和保留他们，就需要有较强市场竞争力的薪酬设定。此外，由于他们开始重视与企业的长期发展，因而适当的长期激励往往也成为他们看重的要素之一。在福利方面，他们希望能体现与基础层的差异，如更高额度、更多类型的补贴、津贴。同时，由于他们正处于事业的上升期，对事业成功的追求欲望会更加强烈，所以更加渴望在企业内部有更大的能力施展空间，有更多机会参与重要项目，他们更愿意接受具有挑战性的工作。并且，他们更加重视上级对自身的认可，对于上级的领导风格也会更加敏感。此外，此时的他们，基本已经有了家庭，也开始考虑工作与生活之间的平衡问题，更加注重企业人性化管理制度。

（3）核心层。核心研发人员的工作经验、工作能力及各种社会资源的积累都已经进入高峰期。

对于核心研发人才而言，单一的高工资已经很难成为吸引、保留人才的关键。在薪酬方面，他们更加关注自身投入与企业收益的结合，因而他们更希望与企业共同分享研发成果所带来的直接收益，同时，长期激励也成为他们关注的焦点。在福利方面，他们对于健康与养老方面的福利会更加重视。在职业发展方面，由于事业本身已较为成功，所以，在个人荣誉方面会更加重视，他们对于自身在企业当中的地位，以及被企业的重视程度会非常看重，企业在某些方面的做法稍有不慎，都很容易引起他们的反感。

此外，能否参与到企业战略决策的过程也成为他们关注的重点，尤其是对于企业今后的研发方向和产品发展战略，他们更希望起到决定性作用。

3. 激励方案创新设置

激励方案创新可以引入“全面薪酬”的概念进行薪酬激励方案的设计。全面薪酬的概念主要包括四个部分：薪酬、福利、发展与环境。

（1）薪酬：固定现金收入、工资；短期激励、长期激励。

（2）福利：健康福利、津贴、其他高科技福利。

（3）发展：职业发展规划、业绩发展、个人发展和成长、参与令人激动的项目。

（4）环境：领导力、组织氛围、认可、工作平衡、工作挑战性。

（三）数字化企业人才创新管理

1. 人才管理认知

在全球数字经济进入加速创新和深度融合的时代背景下，中国经济的数字化转型迈入了从需求端向供给端扩展的新阶段，数字经济的发展重心从消费领域向生产领域转移，大数据与人工智能领域人才缺口明显，“技术＋管理”人才一将难求。

数字技术的使用不仅能提升人力资源经理的运作效率，这种转型让人力资源从业者更能关注整个企业的目标和核心内容，而不是将所有的视线都关注在人力资源管理部门的工作上。

纵观数字技术能力成熟的企业，它们所有的部门一定都拥有数字技术能力，这要求每位员工都应该具有通用数字技能。而要想实现全体员工拥有数字技能的目标，企业首当其冲要做的事情是衡量员工的表现。许多企业已经注意到传统的评估方式需要被重新定义，并因此调整了评估的标准，具体如下所述。

（1）以人为本。当技术充斥着整个反馈和评估过程的时候，企业不要过度注重技术，还是应该将员工放在最重要的位置。

（2）长期持续的反馈机制。绩效评估应该是持续、长期的，而非一年一次或是半年一次。并且，很多企业已经认识到这一点，将评估反馈的周期一缩再缩。

（3）双向沟通机制。许多企业的评估还是自上而下式的命令对话形式，但是双向制的沟通方式才是更妥当的反馈形式。评估不仅针对员工，也针对管理者，让员工能够拥有发言权才能真正实现评估价值的最大化。

（4）掌握转型主动权。很多情况下，企业提升数字技术能力的议题都是由首席技术官、首席营销官或是开发总监提出的，但是人力资源部门也需要掌握数字技术主动权。

（5）倡导企业文化。也许从表面上看，数字技术主导工作与人力资源管理部门的衔接度不高，但是数字技术改革的前提是企业文化改革。而人力资源管理部门作为企业文化的倡导者，当然肩负着重大的责任，让企业文化更符合数字化转型的要求是人力资源管理部门亟须解决的问题。

2. 人才队伍的管理

（1）分布式架构。在企业开始重视数字技术的时候，技术能力的传播速度较慢。一般是从拥有数字技术的员工开始传播，这些员工都分散在不同的部门中，只会在他们的部门和团队中有影响力。

（2）精益数据中心架构。当数字技术逐渐成熟，许多企业将这些技能人才汇聚到一起形成了“精益中心”，这种精益中心能够影响整个企业，将数字转型工作提上议程。

（3）辐射状架构。这一阶段的变革会形成辐射状架构，但仍然会有一个技术中心，并根据这一中心由内向外辐射，覆盖全公司。这是集中与分散能力跟技能相结合的方式，核心的功能仍然是集中的，但是局部的功能可以将他们自身的能力连接到核心部分。

（4）多中心辐射式架构。当不同的部门和组织开始掌握了一定的数字技术，这时会发展成多点辐射式架构。当组织度过这个阶段时，就会出现不同的部门会有不同的受众，虽然有一个整体的辐射中心，但是每个部门又有单独的辐射中心。

（5）整合的蜂巢架构。最后一个阶段，当科技与数字技术已经完全融入企业的血液中，数据分析的重要性和价值开始凸显，这些数据来源包括外部客户与内部员工。

3. 团队建设创新

（1）员工与创新。组织文化靠人才能接纳、传承、改变与抛弃。他们是文化产生影响的载体，通过他们创新（和其他所有东西）才能发生。所以，组织的人力资源战略对于树立和保持创新至关重要。创新团队管理中的最重要元素，包括首先招募合适的人加入团队，管理他们，使他们维持创新，并确保该组织的领导人履行促进创新的职责。

（2）招聘人员建立一个创新的组织。组织要培育创新，必须要吸引、招募具有创新精神的员工。可能看似只需要一些挖掘创新人才的技巧即可，但是事情并没有这么简单。确实有些人天生就具有创造性，但是人与所处的环境相互作用与影响，这才是决定创新程度的关键。

即使一个很有创新力的人，也会发现在一个不鼓励创新的文化和环境下持续进行创新很困难，甚至是不可能的。组织文化可以扼杀一个人的创新能力，可能因为组织文化对他而言过于舒适，让人失去创新的动力；也可能因为组织文化太陌生和不鼓励创新，破坏了人的工作能力。

第五节　数字化企业协同创新管理

一、数字化企业的技术联盟管理

在经济全球化的今天，企业因为竞争需要，纷纷组建数字化技术联盟，旨在实现技术资源互补，减少单个企业的开发风险及投入成本，促进技术创新，从而在竞争中处于有利地位。企业技术联盟作为一种新型的竞争方式正在全球展开。技术联盟使企业竞争的国际化向前迈进了一大步，已经成为许多企业的基本战略。

（一）企业技术联盟的特性与类型

随着企业数量的增多，企业之间的竞争强度也在不断提高。企业竞争力的提高主要依托创新，只有发展好科技，企业才能长足进步。为了面对竞争压力的洪流，企业之间开始趋向合作，结成新型组织形式——企业联盟。至此，传统单一的企业竞争转变为企业联盟间的竞争。但是企业的结盟不意味着竞争的消失。企业的竞争压力在于企业需要不断创新，以免被联盟所抛弃，另一方面，单一的企业更要面对比以往更强的压力。

1. 企业技术联盟的特性

企业技术联盟作为知识经济时代的一大亮点，有其自身的特性。

（1）联盟成员必须基于策略原则相互合作。若是出现对单方有利而对其他成员不利的情况，技术联盟将无法成立或维持。

（2）联盟成员必须具有互补性的数字化技术资源。联盟成员必须能够提供无法由任何成员独自提供的资源。若此种技术资源不具互补性，便无法成为最佳的合作对象，这也是技术联盟区别于其他联盟的本质特征。

（3）技术联盟的所有成员必须维持其法律个体的独立性。若有任何成员丧失法律个体独立性，技术联盟的关系随即消失。

（4）技术联盟是阶段性的合作过程。随着环境或自身情况的改变，企业的策略可能随之改变。为此，技术联盟的组建虽是为了追求较长时间的共同经济利益，但仍然应确定时间范围。

2. 企业技术联盟的类型

企业技术联盟根据合作方式可以分为几种不同类型，以下将展开叙述主要的三种类型。

第一，联合的联盟企业相比于着眼于利益的传统合资企业，更加注重创新技术的共享。将资产集中在一起有助于研发新技术，提高效率，但是也意味着联盟将承担更多风险，这种将资产聚集在一起从事生产活动的形式被称作合资企业。

第二，与合资企业类似的是相互持股投资。相互持股投资是指两个企业通过互持股份的方式建立合作关系，这样做有两方面好处：一方面，互持股份的方式有助于两个企业之间加强协作，实现经济互助。另一方面，持股投资不涉及其他方面的合并，对于双方来说有较大的自由发挥空间。

第三，除了资产方面的合作，有些企业侧重于功能性协议合作。这样的企业联盟与上文所述的两种类型不同，企业结盟不是为了合并资产、壮大组织，而是为了在各个领域之间实现利益交换。通过功能性协议合作，企业联盟可以深入对某些领域的研究，互相提供技术上的支持，实现不同领域的互通有无。

（二）企业技术联盟的组织形式

（1）项目型联盟。最常见的企业技术联盟是项目型联盟，它是指企业围绕特定开发项目，为了节约研究开发成本降低开发风险而相互合作。项目型联盟可实现成员企业的资源互补，增强技术创新实力，其特点是联盟各方都有明确的技术创新目标，一切联盟活动都服从与服务于该项目标，一旦目标实现，技术联盟便自动解散。

（2）购买型联盟。购买型联盟是指技术合作方式是一方从另一方购得技术，如专利许可、技术设备，作为自身技术实力的补充，供应方还可以提供相关的技术培训，如派专家培训或允许购买方技术人员前往供应方考察学习等，购买方在新技术应用与接受培训的过程中逐步掌握该项技术。

（3）服务型联盟。服务型联盟也是一方以技术引进为目的的联盟，只是它引进的方式以为另一方提供各类咨询服务、销售服务为途径，在技术服务中接触新技术、新产品。

（4）生产型联盟。生产型联盟也是企业实现侧面数字化技术引进的联盟方式，合作中企业为伙伴生产新技术产品，在生产过程中深入了解新产品的工作原理、新技术的创新原理及创新特色并与自身特色相结合，实现新技术的本土化。

（5）委托研究型联盟。委托研究型联盟即一方合作者提出创新项目的具体内容与要求，委托另一方研究开发，营销理论中也把这种方式称为“产品定制”。这种联盟虽然也以技术转移为特征，但引进不一定以学习为目的，委托方可能一时分散不了精力或该项目不值得另行投入研发，为了节约另行开发的时间和资源，于是委托给其他企业。相反，联盟中的受委托方却可能一时有形资产不够，只能暂时通过为他人开发以实现资本原始积累。

（6）公司型联盟。这种联盟中没有现有的技术以供转移，却有实在的联盟载体，即联盟各方共同投资建立一个新法人企业，该企业独立于各联盟成员之外进行技术活动。联盟成员按照出资比例构成该公司的大小股东，他们是联盟的实际决策者；企业经营者对公司进行日常管理，对股东负责。

（7）控股型联盟。这种联盟是在公司型联盟的形式下演化而来的。与公司型联盟类似，它虽然也进行数字化技术创新，但最终目的也是以技术促进经济效益，相比之下，更注重联盟的短期经济效果。它与公司型联盟的组织结构类似，只是不再另行组建新的法人企业，而是联盟部分成员控制另一部分成员（往往只一个企业）的股份，并从其技术活动中获取利益。

（8）技术组合型联盟。技术组合型联盟即联盟各方分别贡献出自己的优势技术，实现优势组合与叠加。它往往发生在业界实力较强的企业之间，联盟企业一般已处于或接近市场主体地位，联盟既不以技术引进为目的，也不以盈利为目的，技术组合的结果是使联盟各方共同成为技术领先者或拉大与竞争者的距离。

（9）技术加强型联盟。技术加强型联盟是指业界巨子为了保持已有的优势地位，以可持续发展战略共同提供资金，支持一个专门为该联盟服务的技术创新组织。该组织密切关注业界动态和科学发展进程，及时捕捉创新机会并实现技术创新，为稳固该联盟的技术优先地位而努力。

（10）协调型联盟。协调型联盟是指几个同行业企业根据自身优势，共同指定业界某些技术标准，倡导行业先锋。近年来，由于数字化技术飞速发展，高新技术行业出现了很多不正当竞争现象，于是协调型联盟已扩展成一种行业联盟，即由同行业众多企业共同结成联盟，纠正本行业的不规范现象。

（三）企业发展技术联盟的重要意义

科技是第一生产力。为了满足时代的需求，企业必须联合在一起加紧发展创新技术。以下将列举发展技术联盟会产生的作用。

第一，现如今的高端技术领域对创新的要求比较高，而且企业技术革新往往需要涉及多个领域。与国外企业相比，我国企业仍然存在一些技术问题，有相当大的进步空间。一个企业往往专注于发展某一领域，而且市场更新换代快，在短时间内中小型企业难以实现全方位快速发展。因此，企业技术联盟的形成有助于企业之间互通有无，弥补自身的缺点，将自身具备的特长整合起来。在企业联盟的带动下，各个企业之间的竞争力及其创新能力都会有不同程度的提升。

第二，任何一种技术的开发与创新都需要投入时间与精力，投入时间与精力之后也不一定会取得成功，特别是高新技术领域，产品的研制开发需要更多人力物力，研制失败的经费负担不是中小型企业所能承受的。企业之间发展技术联盟的好处有如下几方面。首先，可以尽量减少财政支出。企业之间可以分摊研发技术产生的费用，同时可以互相使用实验器材，减少不必要的费用。其次，科研失败后，企业可以共同承担风险，减少失败对个体带来的损失。最后，技术联盟有助于企业减少研究时间，提高科研效率。

第三，不同企业的研究方向不同，所涉及的知识经验、资源设备等储备就会有所差异。我国很大一部分企业往往因为资源不充足、设备缺乏等客观条件的限制，科研无法继续下去，这样半途而废的实验对中小型企业来说已经是家常便饭。实施企业联盟的策略，有助于缓解上述现状。企业与企业之间可以加强资源补给，共用研究设备，可以节省一大笔费用。同时，涉及不同领域的企业所掌握的知识经验也有所不同，联盟可以组织不同领域专家间的头脑风暴活动，带动企业的创新进步。

第四，企业发展需要面对的不仅仅是国内企业的压力，还要面对跨国公司势力抬头带来的挑战。为了迎合全球化，我国积极实施对外开放政策，降低关税等贸易壁垒条件，入驻的跨国公司越来越多。这些公司往往来自发达国家，掌握了先进的科学技术，有着雄厚的经济基础以及优质的管理人才。为了应对这些跨国公司带来的压力，企业有必要组成企业联盟。企业联盟一方面可以结合各自的优势领域，集中力量与跨国公司竞争，另一方面有助于通过强强联合，提升我国产品的质量，扩大国际知名度。

二、数字化企业合作创新管理

（一）企业合作创新的特性

当今市场环境不断变化，些许企业为了应对这种情况建立了合作联盟关系，通过资源共享和优势互补的方式实现企业的共同利益最大化，这就是数字化企业间合作创新的新模式。这种模式以技术合约为前提，又有着明确的合作目的、期限、规则，才能够进行合作研发和技术创新，而且需要特定的创新组织为这一行为做出保障，依据事先商议好的方式来分担风险、分配收益。

比起自主创新和模仿创新，合作创新中有三个重要特点：资源共享性、风险分摊性和优势互补性。

第一，资源共享性。合作创新环节中不能由单独一方独自占有所需要的人才、技术、知识、资金以及创新成果的知识产权等，而是合作伙伴共同享有，这体现了合作创新环节中的资源共享性。双方利用各自优势实现资源互惠，可以最大程度地提高创新合作效率和效益，既可以提速也可以使得成果更加完善。与自主创新、模仿创新不同，资源共享是创新活动开展的前提。自主创新、模仿创新的成果和资源都可以独自享有，并不需要同其他组织和企业共享，但这也局限了自主创新和模仿创新的发展。

第二，风险分摊性。合作过程中的资源和成果由各企业共享，理所应当，风险也由各企业共同分摊，不需要将所有风险压在一个组织上。合作创新对风险的分摊与合作的规模和内容息息相关。通常情况下，企业所需要承担的风险与合作创新规模和内容的复杂程度成正比，风险越大，风险分摊性的作用也就越大，相反的是，自主创新的风险需要企业独自承担。而对于模仿创新来说，他们通常从外界购入核心技术知识，在已有的技术上创新，所以与之相应的风险也就较小，甚至基本上没有。

第三，优势互补性。创新战略强调技术突破的优势互补性，只需要数字化企业具有某一方面的技术人才或者设备，再加上各企业间的优势互补，就可以实现较大程度的创新合作。优势互补可以弥补企业不存在全方位人才的缺憾，可以提高合作创新效率。自主创新更注重独立开发、独立研究，所有核心主导技术必须由自己的开发团队独立研究，这体现了技术的内生性。模仿战略创新的核心技术是购入的，技术方面的问题在初期并不会有所显现，于是优势互补在它身上得不到体现，也并不需要。

（二）企业合作创新的类型

合作创新的主要参与者有企业、学校和研究机构。从经济学层面看，大学和研究机构是非盈利性组织，提供知识技术等公共产品，企业则是追求利益最大化的经济组织。大学和研究机构在各种性质上面都具有相似性，通常将它们归为同类。以大学为代表，依据合作创新参与组织的区别，合作创新可以区分为企业间合作型和企业 - 大学合作型，而企业是其中不可或缺的一个成分。

1. 企业间的合作创新

数字化企业是企业的一种，所以它也是一种营利性组织，不同企业在资源、技术特点和产业发展上都有不同程度上的差异性。企业间可以通过技术联盟和研究开发合作，实现资源和技术的优化升级，分担创新风险。企业间的合作创新不仅局限于相似企业的合作，也可以与竞争企业合作，通常将不同企业间的联合和共同创新的模式称为企业间的合作创新。以生产企业与销售企业为例，销售企业提供的信息可以作为技术创新的需求，主要目的是开发市场，可以及时、准确地捕捉到市场需求的目的，极大程度地提高创新的效果和可行性。

一般而言，企业之间的合作有以下三种类型。

（1）优势互补性。顾名思义，是企业间的优势互补，拥有不同资源的企业与技术性企业基于同种利益而达成合作，形成资源利用最大化，一同创新升级。以移动通信为例，江苏移动对客户的需求明确，对消费市场的把握深入，形成了自己的独特优势，而提升服务、优化管理的应用使其更加服务到位；大唐微电子的优势是拥有过硬的技术。二者合作，可以实现资源和技术的优势整合，二者紧密合作、互利互惠，使得创新更上一层楼，达到战略升级的目的。

（2）优势加强型。技术能力强的企业与资金雄厚的企业合作，既分担了研究开发成本，又形成研究与开发的规模优势，通常表现在行业的领头者和跨国公司的合作中。强弱联合不是唯一的合作，强强联合才是当今高科技领域联盟的一大特色。

（3）学习型。技术薄弱的企业通过合作创新，有组织有系统地学习强大企业的管理经验、技术要领等，强大的企业也在此过程中获得需要的资源和信息，如市场和本地化。学习型合作创新在发展中国家和新兴工业化国家得到充分表现，如日本的汽车公司和韩国的半导体企业就是在与西方跨国大公司的合作下，才在市场上取得一席之地，迅速壮大起来的。

2. 企业与大学的合作创新

我国为了实现科技兴国、人才强国战略，创办了多所高校。国家通过建设高校培养适合时代发展的新型人才。一般而言，高校的学术性目的强，很少为了盈利而进行科研活动。这样做有利也有弊，一方面有助于培养纯学术性的创新型人才，为我国建设打好坚实的知识基础，另一方面，由于大学组织的科研项目所需要的经费高，除了国家补给以外很少有其他收入来源，因此大学科研项目不容易长期坚持。以此为背景，为了发挥好高校的人才优势，同时弥补高校经费的不足，我国应当大力推行企业高校合作的新模式，让高校与企业在经济与人才方面互相弥补缺陷。

在多数人的观念中，创新意味着新技术和新理念的问世，然而人们不知道的是，将现有事物重新排列组合也叫创新。高校与企业的合作就是对原有的生产模式、管理模式等重新编排，将大学的人才优势与企业的经济能力相结合，使高校与企业实现共赢。具体的合作理念如下：大学凝聚了一批专家学者进行专门的学术研究，与企业高层人员相比，学者有更加充沛的时间和精力，能够全身心投入到科研中。因此，大学能将自身的研究成果提供给企业，促进企业高新科技的开发；同时，企业有丰富的人才管理经验，能够更好地组织大学生，提前培训大学生，有助于学生加快积累工作经验的步伐。相比于高校，企业常年为市场需求服务，能够较好地掌握市场动态，有助于高校明确研究方向，与国际先进理念接轨。总而言之，高校与企业的成功合作不仅意味着高校、企业各自领域优势要素的重新组合，而且意味着我国培养人才提高科技水平新模式的确立。

3. 企业与政府的合作创新

与政府部门合作，这是合作创新中出现的一种新趋势，由政府支持企业创新。例如，2018 年 8 月，上海市政府与小米集团在沪签署战略合作框架协议。上海正积极贯彻落实党中央、国务院决策部署，制定发布了《全力打响“上海制造”品牌加快迈向全球卓越制造基地三年行动计划（2018-2020 年）》，大力发展先进制造业，推动互联网、大数据、人工智能和实体经济深度融合。小米集团在上海布局的金融科技、物联网和工业设计等，与上海产业和科技发展方向高度契合，也希望通过进一步深化合作，推动创新资源集聚、创新技术突破、创新产品首发。双方将以此次签约为契机开展全面合作，共同打造上海消费电子产业生态链集聚区和创新产业新高地，助推上海建设具有全球影响力的科技创新中心。

4. 企业与金融机构的合作创新

随着企业全球化日益加深，企业的竞争压力也随之增大。企业除了与国内企业竞争，更要争先向国际水平看齐，只有这样才能保证我国不落伍于时代。然而数字企业技术的创新需要企业家投入极多资金，很多企业往往因为资金不足，不得不中断科技研发。除此之外，企业也面临着投资失败的风险。对于传统企业来说，研发道路上不确定的风险是致命的，除了提升自身硬件实力，企业也应当借助风险投资机制尽可能缩小风险。例如，企业可以通过金融机构融资、购买投资银行的债券等减轻自身发展压力。

企业投资面临许多风险，特别是发展高新技术的企业。这些企业需要更多资金作为投资成本，对人才的要求也更加全面。企业在成立之初，市场经验比较少，资金储备不丰富。因此，企业有必要在发展过程中借助投资银行的帮助。企业单方面的发展比较困难，容易受到各方面的阻挠而终止科研创新活动，投资银行提供的资金支持、经验指导等有利于帮助企业度过瓶颈期，向更高的方向发展。

三、数字化企业网络创新管理

（一）企业创新网络的特性

对于绝大多数企业来说，建立长期稳定的合作关系有助于企业发展。但是合作伙伴的挑选、合作关系的建立往往是一个长时间的过程。在这期间，企业需要向市场投资大量资金来筛选合适的机构，也需要耗费长期的等候时间。企业创新网络的建立有助于缓解企业寻找合作伙伴时繁杂的手续与高额的投入。企业创新网络应时代之需产生，借助新型信息技术，组织企业线上交流，不仅能够节省成本，而且有利于建立企业数据库，保证企业寻找到能够长期合作的伙伴。为了使更多人了解企业创新网络新模式，以下将展开详细叙述。

数字化企业和大学、科研院所和政府等各个不同行为主体间的有效互动、相互磨合，促进了企业和各个主体行为向有效协作的方向发展，形成了企业创新网络。在这个网络上，资源、技术、知识等创新要素流动频繁；企业和各行为主体在相互作用、相互激发中采取了良好组合的运行方式，各尽所能，各得其所，取得了“整体大于局部和”的效果。在企业创新网络中，创新往往发生在网络节点上。

企业联系的节点越多，则创新能力越强。网络的节点既可以是网络中的一个组织单元，如研究机构、大学或政府的相关部门，也可以是组织单元之间通过交流而产生的具有进一步扩散价值和作用的事物和行为，如交流中迸发的新的思想、合作研究的新成果等。交流在把节点联成网络时又会产生新的节点。节点密度越大，则交流机遇越多，越频繁；交流越频繁，则节点越多；节点越多，创新机遇越多，则创新能力越强。硅谷企业创新活动的成功，最重要的一点是取决于它所形成的独一无二的创新网络。在创新网络中，人们相互联系，发生协同，最大限度实现资源共享，并且使商业竞争的推动力转化为通过合作进行技术创新的渴望。

企业创新网络的特征归纳起来主要有以下四个方面。

（1）多变性。与传统企业相比，数字化企业更具有多变性。企业创新网络是具有组织性质的企业联盟，企业在现实生活中所要承担的风险并不会减少，在不同因素的影响下，企业创新网络的发展必然呈现出动态性。特别是当今全球化日益加深的情况下，企业受到的影响将会进一步加深。不同国家的消费水平不同，特别是发达国家对市场整体的购买力有很深的影响，当这些国家的消费环境发生变动时，企业创新网络必然会被影响。企业与企业之间合作的不确定性，企业自身的风险等也使得创新网络的发展受到影响。创新网络是一个整体，企业自身的波动也会使整体受到影响。

（2）开放性。企业发展的目标不应仅仅面向本地市场，有时本地资金、市场等不能很好地满足企业需求，在这样的情况下，企业可以借助企业创新网络向外地发展，这得益于创新网络的开放性。单独的企业要想在市场上占据一席之地，往往需要在各个领域具备较为出色的竞争能力，如丰富的资本、先进的信息技术等。而一个企业要想具备多方面的优势则需要长时间的努力，但是在企业创新网络的帮助下，企业可以迅速找到与自己优势互补的企业，实现市场开辟，抢占市场资源，完成自我升级。企业创新网络具有很强的灵活性。企业可以根据自身需要不断调整创新网络的规模、开放条件等，也可以随时根据自身需求关闭创新网络连接。

（3）非中心化特效。数字化企业的创新网络展现出非中心化特点，与等级组织模式中的生产要素的单方面流动不同，每个行为主体之间不管规模大小、功能强弱，都能够通过网络化形式在相对平等的基础上达成合作或者是互补性的资源置换，由此可以更好地处理合作伙伴之间的关系，避免知识、信息遗漏或失真。企业没有具有控制力的行为主体，产业链上供应商和客商合作的长期过程中，信任基础支撑了彼此之间的柔性合作关系。企业之间既是平等的，又是各自独立的经济单元，彼此之间的交流和合作过程中，不但减少了信息传递的障碍，又加速了知识、信息资源的置换。各行为主体利用非中心的疏松网络联结有效传递技术、知识的同时，也可以通过网络协作降低市场竞争和创新失败的风险。

（4）互补性。数字化企业创新网络关系不仅仅是企业与外界组织的市场交互关系，又是各成员间的创新要素优势互补关系。各个成员都有自己的优势特点，并且可以通过这些优势在网络中建立相应地位，各组织的优势互补，资源置换，可以极大程度地提高竞争力，降低成本，实现“1+1 > 2”的效果。

（二）企业创新网络的要素

一个完整的网络需要网络的组成要素和要素间的联系。结点之间的联结可以用来表示要素间的联系，结点则用来表示网络的组成要素，二者的各式组合能够形成不同的网络结构形态。“系统”之间的关系，行动者之间的“网络结构”又或者是“关系模式”是通过什么方式作用于个体行为或者系统的整体性质，行动者又是怎么影响结构而成为研究的重要内容的？

1. 节点是网络的前提

创新网络结点一般是大学、中介机构、政府、企业、金融机构等，而研究主要目的是探究各节点对于网络整体创新的作用。

（1）资源、知识、技术的双向流动是企业和其他节点之间的连接，换言之，企业与任意节点间的流动有强有弱、有大有小。

（2）网络中的关系通常表现为来往中的平等性。网络中的行为主体应当是独立的法人实体，这些主体之间的相互往来遵循了自愿互利原则，而不是由行政关系决定，是通过彼此之间的利益吸引和优势互补，每一方始终拥有独立的决策权，而合作则基于双方达成一致的前提。

（3）众多企业创新网络连接起来形成区域创新网络，因为政府、金融机构、中介机构、大学以及科研院所的联系十分复杂。由此，全球创新网络形成了。

（4）长期性是企业创新网络合作关系重复博弈的特点。网络关系不是一次性交易，而是一个长期的、稳定的、充满活力的合作体，所以，企业参与网络不应着眼于眼前的短期利益，而应当通过持续、长期的合作增强自身的竞争力，以此实现企业受益的持久性和利益最大化。

2. 对企业创新网络行为主体的分析

（1）大学与科研机构。科研成果和创新主要源于大学和科研机构。企业通过与这些群体的合作，不仅可以获得他们的科研成果和先进技术，还可以促进大学、科研机构的劳动成果商品化、研究的市场化。尤其是在我国国情下，企业的自主研发力不高，高校和科研机构的成果变现不高，产学研合作对我国发展有着重要意义和发展潜力。产学研结合也是我国大力推广的一项科研政策。

（2）资本市场。创新只有同资本相结合才能成功，现代数字化企业的创新活动必须要有资金支持。目前，创新活动需要的资金越来越多，企业的融资能力在资本市场中扮演的角色越来越重要。我国长期经济与科技不能适应资本市场的一个重要原因，是我国资本市场的不完善和其介入创新活动的匮乏，同时，企业与资本市场一直没能很好地结合。

（3）政府。政府是创新活动的推动者，是创新过程的主要参与者。诸多国家中政府对企业的推动作用十分巨大。各国政府通过适当引导、鼓励、保护和协调等方式方法影响着企业创新的整个流程。而在此过程中，发达国家通常以间接方式介入，发展中国家则以直接方式介入，二者之间有明显差别。

（4）中介机构。中介机构也是企业与其他组织的沟通桥梁，是知识流动的重要环境。中介机构的完善、调整和活跃，对企业创新活动有着乐观影响。

（5）企业。企业是创新活动、创新投入和收益的主体。企业之间存在着广大的网络联系。企业间通过优势互补、战略合作等，缩短产品的开发周期，分散技术开发、市场、财务风险。企业间通过这样的信息互换与组织学习提高自身的竞争优势，提高品牌实力。

（三）企业创新网络的联结方式

1. 企业间的联结

企业间网络联结的主要方式为战略联盟。所谓战略联盟，是指一家企业为实现自身的战略目标，与其他企业在共同利益基础上形成的一种优势互补、分工协作、非股权型的网络式联盟。数字化企业联盟具有合作对象广泛、合作方式虚拟化、合作领域广阔、合作形式多样、灵活性与适应性强等特点。战略联盟近年来已成为企业扩张的一种重要方式，突出表现为西方跨国公司在国际经营中的普遍运用。企业通过缔结战略联盟广泛开展经营合作，推进自身迅速发展。一方面可提高企业资源的使用效率，另一方面又可节约企业在可获得资源方面的新投入，从而降低企业的进入与退出壁垒，提高企业的战略灵活性。

从合作对象上看，企业间的联结有以下三种类型。

（1）后向联结。这是企业和供应商之间的纽带。供应商极大程度地影响了企业技术，双方的互惠互利携手，有利于提高企业的创新力和竞争力。

（2）同位联结。即企业与其互补的厂家达成合作关系。例如，苹果公司和 IBM 的合作，IBM 为苹果公司提供了大量设备，极大程度地降低了生产成本，与此同时，又与苹果公司合作开发了企业级应用，将苹果公司的产品在企业中普及开来。苹果公司和 IBM 又计划对特定企业开发至少 100 款移动应用，双方在互利合作下的影响程度将日益上升。

（3）前向联结。意思是企业和购买厂家直接获得联系，将老式的单纯买卖关系转变为企业的合作伙伴和企业创新环节中的可利用资源。一方面要给用户提供有效的资源和产品信息，另一方面要从用户手中得到厂家需要的有效信息和资源，以此来平衡双方关系，获得长期发展。例如，在移动通信智能卡行业中，大唐微电子在与运营商的合作中树立了业内领头羊的角色。这种角色的建立对企业发展大有裨益。

2. 企业与大学或科研机构的联结

这种联结就是人们所说的产学研合作创新。产学研合作创新有以下多种方式。

（1）工程项目方式。大学、科研机构承担企业工程项目及引进技术、引进设备的消化、吸收、创新改造任务。产学研之间就项目成立课题组，大学、科研机构提供技术，企业提供资金、设备等支持，这是产学研合作中最为普遍的一种方式。

（2）产学研联合体。数字化企业与大学、科研机构组成各种产学研联合体。这种联合体一般是教学、科研、生产联合体，如一般联合体根据协议，设置管理委员会，由双方及有关部门人员组成。按签订的协议，明确规定双方义务与权利，“学研”为企业培训人员，提供科研成果；企业向“学研”提供科研经费，提供研究试验场地，联合开发的科技成果共享等。

（3）中试、中心方式。企业与大学、科研机构共同承担国家科研课题，共建中试基地，共建国家级、省部级或企业工程技术中心等。通过企业国家重点实验室平台，筛选出最切合需求的团队，联合研究，做出成果，更快地提升行业水平，为行业、国家解决技术问题，合作双方的荣誉感也更强。

（4）学院方式。企业与大学、科研院所联合培养技术、管理人才，以及建立定期的人员交流、技术咨询的制度等。

3. 企业与政府的联结

科学技术是综合国力竞争的主要因素，推动我国企业技术升级、提升企业竞争力是各个国家的一项重要战略措施。企业与政府部门合作，通常由政府参与企业创新活动，如实行优惠政策，提供经费、技术、信息等。政府通过计划、政策、法规三个方面来引导和推动企业的发展和创新活动。

根据各国自身的历史文化、制度和经济状况的不同，政府对企业的创新活动参与程度不同。我国政府制订了许多计划，如“星火计划”“863 计划”“科技攻关计划”“火炬计划”等。在改革开放四十多年来，这些都极大地帮助了我国企业技术的提升以及高级技术产业的产生和发展。

4. 企业与资本的联结

虽然企业能够从创新活动升级中获得较高收益，但也存在着不少风险。对于那些不具有抗风险能力，或者是抗风险能力不高的企业，资金便成为了成败的重要因素。于是，企业与资本市场的资金联结便显得尤为重要。一方面依靠资本市场的成熟和完善，另一方面也需要企业自身的水平提高和能力加强，资本市场影响企业创新活动的手段主要是货币。

资本市场影响企业创新的方式有：提供长期的低利息政策贷款，提供资金支持，为风险企业家提供风险资本。因为传统的融资机构不愿意承担较大的投资风险，企业的高技术活动得不到资金的有效支持，这对于资本市场并不发达的中国来说，资金对于企业的影响变得更加巨大，风险资本和企业的合作不仅给企业带来了资金，还给企业提供了更广大的市场和资源，对企业的长期发展起到积极作用。

5. 企业与中介的联结

企业协会、技术市场、各级信息中心、咨询机构、产学研调办公室都是中介机构。中介机构在各创新主体间迂回沟通，以此帮助各组织间的资源、信息共享，提高创新环境，从而扩大数字化企业的创新空间，给企业提供更多机会。企业从中可以获得更大的提升和利益。企业可以通过各种各样的方式与中介机构获得联结，比如以会员身份加入中介机构，与中介机构建立长期沟通等。

（四）企业创新网络的主要功能

1. 知识创造和转移视角

通常，知识分为显性知识和隐性知识。显性知识高度编码，如在计划书、配方、手册中或以培训形式体现；隐性知识缺乏详细编码，很难被完全消化吸收，须通过“干中学”，在不同情景下进行“试错”学习。企业网络是获得技术知识、提高创新能力的有效机制，创新过程包含知识创造到知识转移全过程。知识作为企业重要的生产性要素对创新起着重要作用。

知识在一定程度上可以定义为公共物品，就是一个企业的技术性知识不能一直被研发企业所占，就是其他企业免费或者较低成本地复制和学习这些知识，而网络则是知识交互的一个重要途径。网络的主题功能是创造知识，群体创新知识的整合。创新网络对知识创作有着十分重大的影响，那些扎根于网络、能够及时从网络中获得信息的企业会有更好的知识产出；知识转移作用处于网络过程的中心地位，信息通过网络途径达到交互共享的效果，强调创新的劳动分工中互补性资产的重要性。

网络为网络主体的知识学习和搜索转移提供了十分有效的途径，网络联结关系使得网络中的成员们关系更加密切，沟通也更为方便快捷，以此可以达到知识整合和资源学习的目的。

2. 能力提高视角

在当今网络普及、开放程度较高的社会背景下，数字化企业更加倾向于通过网络实现创新，通过网络进行长期学习，使得网络各组织有着长期有效的竞争力。其他节点的“核心能力”或“核心资源”，与各自企业的优势能力结合在一起，能够在最大限度上发挥企业的竞争优势，提高企业的工作效率，为企业提高持续发展能力提供有效帮助。

研究者从不同主题出发，对企业联结、创新要素等多个方面展开研究。以小看大，看网络中的个体行为，看企业的创新能力、网络能力的提升机制对网络合作创新的影响程度。对于那些知识丰富的企业，它的核心竞争因素在于整合网络成员中的异质性关系与核心成员的联系。由于社会网络的不同，知识管理也应不同，最终可以提高企业的竞争力，以此获得更高效益。

第六节　数字化企业战略实践创新管理

一、数字化企业战略创新能力培养

（一）数字化创新能力的特性与管理意义

创新能力是组织在技术和组织方面的知识的总和，它体现在组织的人力资源、技术系统（主要是硬件设备）、信息系统和组织管理体系中。创新能力的本质是知识，表 7-2[1] 对数字化创新能力的特性及管理意义进行了阐述。

表 7–2　技术知识的特性及其管理意义

特性	管理意义
专用性	组织必须进行技术知识战略上的更改，以促进技术知识在适用于企业的轨道上发展

[1] 易高峰 . 数字经济与创新管理实务 [M]. 北京：中国经济出版社，2018.

续表

特性	管理意义
隐含性	重视隐性技术知识的作用和管理；积极促进隐性技术知识向显性技术知识转变
生成性	创造知识网络和共享文化以利于知识生成
累积性	重视技术知识的持续积累和储备
路径依赖性	组织慎重制订技术知识战略，既要有效利用自身的技术知识基础，保持长期竞争优势，又要避免技术道路越走越窄的技术锁定困境
组织依赖性	组织引入外部技术知识时需要考虑自身的技术知识结构和格式，提供外部知识与内部知识的联结模式，并且由技术桥梁人物对技术知识进行格式化
转移成本	培育知识共享的文化；提高自身的吸收能力
收益的难以独占性	知识产权的保护

数字化创新能力是组织专有技术知识的最重要来源，因此必须改进技术创新过程尤其是研发过程中的知识管理。

（二）数字化企业提升战略创新能力的途径

企业必须根据自身特点，采用经济适用的技术创新能力积累途径，一般来说分为内部途径和外部途径两类。

1. 创新能力积累的内部途径

创新技术能力积累的内部途径主要是指内部研发设计。其作用有四个方面：①以重大或渐进创新不断完善现有技术体系，提高技术能力；②以重大创新成为新技术体系的开创者，提高技术能力；③在创新中有时会产生技术“副产品”，不属于现有的产品和生产技术体系，可独立成一个新的领域；④对引进技术进行模仿或改进性的研究开发，促进引进技术的消化吸收。

内部研发设计对技术能力提升具有不可替代的作用，因为技术知识具有环境依赖性，企业放弃研发设计活动，就意味着失去产生新知识的环境，将严重损坏企业的创新能力，内部研发设计还提供潜能去保护现有能力并且发展新的能力。因此，通过技术创新尤其是内部研发设计来优化和扩展企业的技术知识存量，是提升技术能力的重要途径。

内部研发设计要求企业具有较多的资源和较强的能力，并且通常是一个较为漫长的过程，因此，适用于产品推向市场的时间并不是特别重要的情况。但是，内部研发设计具有易于控制和熟悉的优势，能够很好地控制时间和进行判断，具有先发优势，并能够将技术和管理诀窍留在企业内部。不同企业的情况不同。例如，先发企业大多数是从内部研发设计开始的，因为该企业是某领域内的技术领先者，只能依靠自身资源和能力来发展。但对于多数企业来说，内部研发设计一般担负着完善现有技术体系的任务。

内部研发设计能有效提高企业的研发能力。因此，许多落后企业为加深企业对先进技术原理的理解和积累自身研发能力，不惜投入大量人力、物力，对成功者的先进技术进行重复性开发。同样，对失败创新项目的评价同样也必须考虑其对于技术能力提高的潜在效应。

从战略意义上说，内部研发设计可以使获得的新能力融合于企业原有能力体系中，短期内难以模仿。因此，内部研发设计是最具有战略重要性的根本的能力积累途径。

2. 创新能力积累的外部途径

随着开放式创新理念的日益流行，近年来技术能力积累的外部途径也日益引起人们的关注。表 7-3[1] 列出了一些主要技术能力积累外部途径及其比较。

表 7–3　开放型技术能力积累途径

途径	对组织技术能力积累的贡献	主要缺点	典型案例
外商直接投资（FDI）	提供学习样板，通过 FDI 企业与本国的人才流动，及 FDI 企业对本国转包生产及销售企业的技术指导进行技术积累	间接性，组织性较差，效率较低	博世电动工具（中国）、施耐德电气（中国）等
合资企业	外方直接管理，指导培训本国员工，能形成较高的组织层次技术积累，积累方法较为科学，效率较高	被动性、偏重于生产操作层次，积累结构不太合理	一汽大众、上海大众等
原始设备制造（OEM）	通过与国外著名企业合作生产OEM产品接受外方技术指导，技术起点较高，自主性强，激励充分，技术积累结构较合理	需要较高的技术基础，难以在落后企业中普遍推广	格兰仕

[1] 易高峰 . 数字经济与创新管理实务 [M]. 北京：中国经济出版社，2018.

续表

途径	对组织技术能力积累的贡献	主要缺点	典型案例
技术引进	随引进项目的外方技术指导和人员培训，在新技术采用和新设备使用过程中进行深度摸索和技术积累	偏重操作层次，不易获得最先进的技术，新技术与旧管理体制及组织形式之间会发生矛盾	中国高铁引进德国、日本高铁技术，宝钢引进新日本制铁公司的技术
战略联盟	发挥产业链上下游协同效应，共享资源、分担风险等	较为松散，较难积累核心技术能力	谷歌公司与特斯拉公司联合研发无人驾驶汽车
并购	可以较快速获取外部技术能力	需要自身具有较强的吸收能力基础，此外可能需要较高的代价与成本	中科创达收购保加利亚MMS，高通收购NXP
产学研合作	可以较快速获取外部技术能力；降低内部研发成本、分担研发风险	与外部合作伙伴间的沟通协调成本及知识产权泄露风险	西北农林大学与杨凌镇政府

二、数字化企业商业模式战略创新管理

（一）企业数字经济中的O2O模式

1.O2O商业模式的潜力与盈利能力

所谓线下的商务机会与互联网结合（O2O）电商模式，是指当前市场商务机遇的线下与线上结合，将移动互联网市场指引到实体市场的一种电商模式。O2O模式中移动互联网成了一个单纯的交易平台，或者说是单纯的连接平台，将线上的顾客引导至线下消费，O2O模式可以进行线上交易，线下服务，这种模式就等于在传统电商模式之上大大增加了实体服务。也正是因为实体服务的增加，线上的O2O模式更容易吸引线下的客户。

（1）O2O电商模式的潜力。O2O电商模式是一种刚刚兴起的模式，虽然它的出现不算早，但是却紧抓了当前移动互联网市场的各种前沿动态。现在移动互联网市场中出现了大批的O2O电商企业，如阿里巴巴的一淘网、腾讯微信等，这些都是当代著名的O2O代表。

首先，利用O2O模式的企业运营成本相比其他企业都要低，原因很

简单，企业运营在线上，企业运作在线下，这种模式下企业最快速、最有效地进行运营，从而扩大了销售范围，也使得运营效率更高。

其次，O2O模式相比其他电商模式更具吸引力。由于运作主体在线下，成本相对较低，带来的价格优惠也比其他电商模式要多。就国内市场而言，大部分选择线上交易的移动互联网用户很多正是因为线上带来的优惠。因此，O2O模式单凭价格这一方面就比其他模式更具吸引力。从最早O2O模式团购网中可以看出这一点，只不过当时的团购网大部分是随机性的，而且要等待商家的临时性促销才能进行，因此当时的O2O模式虽然出现但是并没有兴起。

最后，O2O模式还具备一定的市场指引性。有人说O2O模式将引领移动互联网市场的未来，这一观点还是有一定道理的。就现在的O2O模式看来，移动互联网市场在O2O的促进下已经有多元化的转变。虽然是相同的线上交易，但是O2O模式产生了太多的线下体验，市场就随之产生了多元化的转变。

（2）O2O模式的盈利能力。除了O2O模式的市场案例之外，O2O模式也是当代电子商务中较为典型的商业模式。O2O与商对客电子商务模式或者个人与个人之间的电子商务模式相结合（B2C/C2C），同样产生巨大的能量。双十一的巨额交易数字中，也有很大一部分源于O2O模式。借助团购和优惠的方式，B2C/C2C店铺能够获取大量的交易量，从而不断降低线下服务的边际成本，促进B2C/C2C店铺能够提供优质服务。

另外，O2O盈利模式还从市场中各个移动终端进行体现。例如，各种导航软件，微博、微信的公众账号，大量的粉丝和用户成了商家的线下客户，也是主要的线下服务对象。尤其是现在各大移动互联网企业开通了移动支付后，完全实现了O2O模式的终端化和移动化。APP移动互联网特色也正是因此形成的。

综上所述，O2O模式的盈利能力主要取决于两大方面：第一，优惠模式与营销方式，包揽了大量客户的O2O模式虽然也是针对零售市场的，但是它针对的是零售市场的群体；第二，紧抓移动用户的零散消费。与其他电商模式不同，O2O盈利更加附带黏性，无论是团购还是秒杀，这些方式主要针对市场中的零散用户，也正是因此，O2O模式的获利能力比其他模式都强劲。

O2O电商模式将成为未来移动互联网的主要模式。移动互联网时代不仅仅是从线下走到线上的时代，同样也是从线上走向线下的发展。O2O电商模式就像移动互联网时代的一个闭环商业模式，不仅具备了经典的线下到线上的提升，同时也完成了线上到线下的回归与结合，从这一点可以看出，O2O 模式在移动互联网的未来发展中具备非常广阔的前景。

2.O2O 模式的特色

（1）O2O 模式与 LBS 的结合。当前移动互联网市场中与 O2O 模式结合最密切的模式应该属基于位置的服务（LBS）了。相信大家对 LBS 都不陌生，导航、地图等移动终端软件都是基于 LBS 模式上开发的。O2O 模式盈利方式中的紧抓用户零散消费，这一特点就是利用基于位置的服务（LBS）体现的。

目前，智能手机已经覆盖到绝大部分用户，很多 APP 乃至微信小程序都已开通或要求开通相应的定位权限。抛开隐私问题，对消费者位置信息的跟踪催发了各种新的商业模式如“签到”（LBS+ 生活娱乐）、“分享”（LBS+ 生活服务、在线旅游以及在线游戏）模式。通过 O2O+LBS，最先直接催生了基于地址信息追踪的业务。如滴滴打车借助于位置信息的跟踪，能够快速匹配打车服务的供给和需求，从而推动了出租车行业与“互联网 +”的深度结合。这类模式其他的典型应用还有在线地图业务（如高德地图、百度地图等）以及在线停车业务，但是这类业务如何开发其盈利模式还有待探讨。除了广告之外，普遍讨论比较多的方式是借助这类服务实现消费引导，比如根据消费者位置，实时提供在线 O2O 服务推荐。

（2）O2O 模式的个性类型。除去 O2O 与其他模式的结合之外，O2O 模式自身也具备多种特色，这些特色都是当前移动互联网市场比较高端的模式，虽然统称为 O2O 模式，但是发挥着不同的作用。

1）随时随地性。构建随时随地性的 O2O 模式只需要遵循以下原则。

第一，具备雄厚的实体市场。这是随时随地性 O2O 模式构建的基础，如果想要把线上的用户随时引导至线下，就必须具有雄厚的线下市场。线上用户是在追求方便、快捷的基础上寻求更优质的服务的。线下市场不足则会延缓交易流程，从而违背线上快捷的原则，也就失去了 O2O 模式的最大特点。因此，雄厚的实体市场是 O2O 模式构建的基础。

第二，APP 终端的覆盖范围扩展。O2O 模式想要把线上商务转移到线下，就需要定位与连接，这也是为何 LBS+O2O 模式会如此成功的原因。那么如何扩展 APP 覆盖范围则成为 O2O 电商模式的难题。

第三，O2O 营销模式的发展。O2O 模式之所以如此受欢迎还因为其有另外一大特点，这就是 O2O 营销模式。这与 O2O 电商模式、O2O 盈利模式都不同，O2O 营销模式在当今市场中应用非常广泛。

由于 O2O 平台的开放性，所以在用户体验以及用户推荐方面 O2O 模式更具真实性。电商模式注重用户体验，营销模式注重的就是口碑。口碑与用户体验不同，口碑是针对整个 O2O 平台的，而不是单纯针对某种商品的，因此，O2O 营销模式对构建随时随地性 O2O 电商模式起着重要的作用，一个好的口碑就是一个良好的开始。

2）双线模式。所谓双线模式，就是指 O2O 线下线上同时销售的模式。现在很多企业都在做这种电商模式，线上有自身的销售渠道，线下也有自身的品牌代理。这种将实体店与网店有机结合的方式被称为当代的双线 O2O 模式。

3）团购优惠模式。这是一种相对老套的 O2O 模式，也是 O2O 的鼻祖模式，但是自从这种模式出现之后就一直独树一帜，而且实力越发雄厚。这就代表 O2O 团购优惠模式是一大特色，而且必将发挥无穷的潜力。

（二）数字经济中的免费模式

1. 企业利润上的“免费模式”

多年来，“商业”一词都是和“利益”紧密相连，但是随着时代的发展，现在越来越多的企业开始走上了“免费模式”的道路，这些企业并非大发善心，义务向市场提供资源，恰恰相反，这些企业的最终目的是为了获取更多、更大的利益。

自从互联网开始盛行免费商业模式以来，这一商业模式就开始被更多人重视，当走进了移动互联网时代之后，更多人开始发现免费模式已经成为当代企业发展必不可少的商业元素，并且想尽一切办法打造自身的免费战略，隐藏自身的收费本质，并期望获得事半功倍的效果。

信息时代的到来，使得很多产品与服务具有“零边际成本”的特点。借助这一特点，很多行业纷纷采用了免费模式。其中以杀毒软件市场和手机通信市场比较典型。

在杀毒软件行业，其主要成本在于开发一款基本产品，在此之后的产品生产基本没有成本，因此在行业内“360 杀毒软件”率先突破传统的收费模式转变为免费模式，免费让互联网用户使用 360 杀毒软件，而针对附属产品——广告位收取广告费用，并以此为主要盈利点。

在手机市场，曾经国内三大电信运营商都在举行“0”元购机活动，无论多么高端的手机只要选择了相应的套餐就可以免费得到。虽然都是免费模式，但是和 360 杀毒软件的差异在于，国内三大电信运营商提供免费附属产品——边际生产成本很高的手机，而针对边际成本基本为 0 的通信服务进行收费。

在数字经济时代，“0 边际成本”产品或服务出现，使得企业可以利用产品之间的关联性（或溢出性）巧妙地构建商业模式，实现企业和消费者收益的帕累托提升。就当前的市场形势而言，构建免费服务下的获利策略，需要企业按照一定的顺序、融合一定的精髓才能打造成功，总之，免费时代已经到来。

2. 免费模式的创造要素

企业想要打造高端的免费模式就需要清楚自己的商业本质，并且制订合理的免费战略规划。有资金、有实力的企业离不开免费模式，但并不是所有强势企业都可以通过免费模式获得成功。经过对当前移动互联网市场免费模式的分析，可以总结出以下三点构建免费模式的要素。

（1）需要具备多结构的产业主体。简言之，企业提供免费模式往往只针对产业主体的一部分，正如最好时期的吉列模式中，吉列公司廉价提供刀架、高价出售刀片一样，虽然是一个整体但是可多结构出售，这样才能够完成免费模式的第一步。这里需要清楚多结构模式是指产业主体可以自由分割而不是硬性切除的。

（2）需要具备可延伸、可发展的产品空间。手机制造商销售了手机后又向用户免费提供了 APP 市场，用户从中可以免费下载很多软件，但是其中不乏收费软件。这种利用免费模式获利的方式更持久、更具企业黏性。从中可以看出，企业想要利用免费模式获利必须同时思考如何延伸、如何拓展产品发展空间，以便日后持久获利。

（3）需要根据企业自身因素，制订免费与获利比例分配。当代免费模式最成功的企业必然是奇虎 360 公司，这家被称为中国互联网时代免费模式鼻祖的企业也有过自身的艰苦时期。其实，在 360 公司发展初期就曾面临巨大的压力，这就是数亿用户的增长为企业带来的运作压力。当时 360 公司“永久免费”的旗号迅速占领了互联网杀毒软件市场，短时间内用户就突破了 3 亿人，这个数字给 360 公司内部运行增加了负担也带来了损失，直到 360 公司靠着深厚的客户资源占据了中国互联网广告市场很大的份额之后才有所好转。

从中可以看出，企业制订免费模式也是有风险的。很多企业把免费模式当作一种包揽客户的方式，盲目地认为只要利用免费模式抓住了客户就代表产生了利润，其实在现实运作中一切并没有那么流畅，中间的缓冲期、风险期都是需要企业独自面对的。这说明，企业必须了解自身规模，并且将免费模式与收益模式分配得当，预测出风险期，提前做好风险预防工作，才能构建免费商业模式。

以上三点是对当前移动互联网市场中多种免费模式研究后得出的。当代越来越多的企业正在向免费模式转型，这一做法不仅仅是为了遵循市场主流发展方向，更是为了获取更多的市场利益。如今“免费”已经成了一种企业旗号,在这一旗号下构建出的商业模式比传统模式更具利益获取能力。

3. 移动互联网时代的全新免费模式

从经济学的角度来看,商业模式的打造程度等同于利益获取的程度,只不过商业模式的衡量方式并不能单纯依靠企业面向市场的范围,而是商业模式内部的结构。换言之,谁能将商业模式打造得越完整、越精致,谁才能获得更多利润。目前,移动互联网市场中常见的几种免费商业模式如下。

(1)端口免费、深入获取模式。端口免费、深入获取模式是当今时代中最常见的免费模式。就以电信运营商为例,现在国内的三大电信运营商都在采用这种模式——“免费购机,套餐获利”,这种方式最大的特点就是长时间硬性连接客户,从而达到持续获利的效果。

(2)免费吸引用户,广告获利模式。除了上面的端口免费模式外,还有一种模式也是在移动互联网上常见的,这就是免费吸引用户,不断增加广告收益的模式。这种从互联网时代兴起的模式非常老套,但非常实用。在互联网时代刚刚到来之时,很多企业采用这种模式,向用户提供免费的信息、免费的高清电影甚至是免费的电影票,为的就是增加注册用户的数量。当用户数量增加到一定程度之后,收益就会上涨。

在中国,大部分网站均采用“免费吸引用户+广告获利”这一方式,如早期的四大门户网站新浪、搜狐、网易、腾讯,以及如今的百度、阿里、腾讯和京东旗下的大部分产品也均对用户免费。其中,互联网产品的“0边际成本”是很大的原因。

因此,要想打造移动互联网时代的免费模式,这种广告获利的模式不失为一种良好的途径。

(3)众包模式。所谓众包模式,其实就是把传统上由企业内部员工承担的工作,通过互联网以自由自愿的形式转交给企业外部的大众群体来完成的一种组织模式。在这一过程中,企业只需要为贡献者支付少量报酬,而有时这种贡献甚至完全免费。在互联网行业,维基百科是这一模式的典型应用。维基百科的内容基本由用户自身生成,而非像传统的信息门户网站其新闻内容主要由其员工制作产生。用户的数量相比于企业员工要高很多,而用户能力也相比企业员工更加多元化,因此如果将用户的能力组织起来形成合力,制造同样内容所需要付出的成本以及质量都比员工自身制造要好。而众包这一模式能够充分利用用户的能力,尤其在数字经济时代,企业能够借助数字技术,减少合作沟通成本。

这种免费模式适用于大企业的后期完善与发展,有效利用免费客户就是一种非常聪明的免费模式。

以上三种是目前移动互联网市场最常见的免费模式。这三种模式有本质区别但无层次之分，也就是说，企业需要打造自身的免费商业模式。但是需要强调的是，这就是在如此飞速发展的一个时代，完全的复制并不能为企业带来成功，任何免费商业模式都要具备自身的特色。

三、数字化企业技术战略自主创新管理

（一）数字化企业的自主创新

自主创新研究源自发展中国家或者新兴工业化国家对技术创新道路的选择。在“自主创新”的概念明确提出之前，相关的概念主要有“本土创新”和“发展自主知识产权”等。近年来，我国特别强调“自主创新”，是针对以前过多模仿引进而缺少自主知识产权和核心技术而言的。对于自主创新的内涵，尽管近年来已经有多种论述，但是仍然众说纷纭。

1. 广义上的自主创新

广义的自主创新是指在创新中不单纯依赖技术引进和模仿，而是在以创造市场价值为导向的创新中掌握自主权，并能掌握全部或部分核心技术和知识产权，打造自主品牌、赢得持续竞争优势为目标。自主创新不一定是单纯技术（新产品、工艺等）层面的，管理、制度、战略、市场、文化乃至商业模式等非技术方面都是自主创新的有机组成部分。

2. 狭义上的自主创新

早期，自主创新的内涵多从狭义角度出发，集中在微观层面上，如将自主创新界定为：企业主要通过自身努力，攻破技术难关，形成有价值的研发成果，在此基础上依靠自身能力推动创新的后续环节，完成技术成果商品化，获取商业利润的创新活动，其主要面向技术吸收与改进后的技术发展阶段，强调一种技术学习。后来，自主创新的含义演化为企业积累和提高技术能力的过程或行为，自主创新与模仿创新、合作创新共同作为技术创新的构成要素。

自主创新是企业通过自身的努力或联合攻关探索技术的突破，并在此基础上推动创新的后续环节，完成技术的商品化、获得商业利润，以达到预期目标的一种创新活动。

（二）数字化企业的自主创新能力分析

1. 自主创新能力的构成

表 7-4[1] 总结了自主创新能力三个核心维度的概念与特征。

[1] 易高峰．数字经济与创新管理实务 [M]. 北京：中国经济出版社，2018.

表 7–4　自主创新能力构成与主要特征

自主创新能力构成	内涵	基本特征
原始创新能力	企业实现突破性的技术发明或颠覆性的科学发现的能力	自主研究，自身设计，自行开拓，自成体系，并在此基础上努力争取获得更多的科学发现和技术发明；可以享受专利，并受法律保护，有利于开拓新兴产业及其市场。不利的方面在于投资大、风险大、时间长
集成创新能力	企业整合各创新元素，利用创新要素间协同作用加速创新效率的能力	把已经被掌握的科技资源包括自创技术或他创技术集成起来，兼容并蓄、融会贯通，通过放大效应，再创一个或多个新的科学和技术，或新的产品和产业
引进消化吸收再创新能力	核心技术知识来源于组织边界之外，是企业借助外力实现创新的过程，表现为设备引进、技术引进、消化吸收、技术改造、模仿创新等	①在引进国外技术的基础上，经过研究、消化和吸收，再创造出新的技术和产品，即站在“巨人”的肩上，并超越“巨人” ②投资小，风险少，见效快

关于自主创新能力，需要明确以下关键性问题。

（1）关于自主创新主体的问题。国家与区域等层面，自主创新的主体是我国公民或创新的相关法人组织机构，它们是自主创新的核心利益攸关者。

（2）关于如何开展自主创新的问题。这里包含两个维度：一是开展自主创新活动的个人或组织主导推进创新活动，最终通过利益攸关主体的参与，将创意转换成为创新果实，实现创新价值输出与回报的过程；二是自主创新的主体通过投资其他利益攸关主体，并在一定的法律与规范框架内实现创新商业化，并获取价值输出与回报的过程。

（3）关于自主创新程度的问题。自主创新的程度反映在国家与地区创新主体实施创新活动时，对自身及国外创新资源与能力的依赖程度。自主创新并非完全依赖自身的实力实现创新成果的输出。网络化与开放式创新的背景下，技术引进、全球产业链价值链分工与合作、全球资源整合、跨国合作与并购等使得自主创新对外部资源的依赖成为必然。

2. 自主创新能力的提升战略

自主创新能力是指企业依赖嵌入在自主创新过程中的核心技术知识，

是企业研发（独立研发或合作研发）、使用核心技术的能力。

从企业创新主体与创新流程角度，其包含两个个体层面和四个组织层面的关键要素：研发人员个体的自主创新能力，领导在面向创新活动涉及的研发、生产活动中的个人能力，企业对自主创新活动的投入强度，企业面向自主创新活动中各类资源的联结与协调程度，企业信息获取与识别能力，以及企业通过自主创新转换创新成果的能力等。

伴随我国改革开放与经济结构转型的基本趋势，创新型国家建设与全球竞争优势的提升对自主创新能力的提升提出了重要的要求，也为自主创新能力的培育提供了机会与挑战。

我国企业自主创新能力提升战略主要表现在以下方面。

（1）进行思维创新，克服思维惰性和能力刚性，形成企业自主创新能力提升的基础。自主创新包含原始创新、集成创新、引进消化再创新三个方面，鉴于中国企业技术与人才能力储备的弱势，我国企业早期主要依赖集成创新与引进消化再创新两种途径提升自身的创新能力。在能力、资金、知识、人才的积累条件下，我国企业应当在思维上破除能力刚性，逐步强化自身的原始创新能力，逐步转型实现自身在研发与品牌两端的可持续竞争优势提升。思维与理念的变革成为我国企业自主创新能力提升的前提条件。

（2）加强组织学习和技术学习，打造企业自主创新能力提升的内在基石。组织学习与技术学习是我国企业吸收消化国际先进技术，同时实现自身技术再创新、技术跃升、组织技术能力提升、吸收能力积累等的重要手段。技术学习与组织学习的方法涉及反向工程、反向创新、模仿与复制、知识管理、信息挖掘、技术研发等手段，这些方法最终引导企业在长期的发展中逐步积累、提升自身的自主创新能力。

（3）继续加大研发投入，提升自主创新能力。技术研发与研发能力是自主创新能力的核心。加大研发投入是提升自主创新能力的最直接方式。加大研发投入，提升研发投入经费在企业销售收入中的比重，应当成为企业打造自主创新能力的基本定律。

（4）有效整合外部资源，以开放式创新带动自主创新能力提升。开放式创新已成为企业提升创新能力与竞争优势的重要范式，依赖外部资源的整合，我国企业可以通过跨国兼并收购、雇佣高技术人员、强化区域与国际战略联盟合作、产学研协同创新、参股或控股目标企业等方式，进一步整合全球化的互补性资源，实现公司自主创新能力的提升。

参考文献

[1] 于拥军 . 新常态下中国经济发展态势及结构动向研究 [J]. 现代营销（下旬刊），2020（01）：6-7.
[2] 寇荣 . 新农村建设背景下农业经济管理措施 [J]. 中国市场，2020（01）：69+78.
[3] 荣艳 . 新常态背景下我国企业经济管理的创新路径探讨 [J]. 纳税，2019，13（33）：235.
[4] 刘刚 . 创业警觉多维性、转型环境动态性与创业企业商业模式创新 [J]. 管理学报，2019，16（10）：1507-1515.
[5] 贾康 . 数字经济时代的企业转型 [J]. 扬州大学学报（人文社会科学版），2019，23（02）：15-20.
[6] 张莹 . 低碳经济下企业管理模式创新研究 [J]. 科技创业月刊，2019，32（01）：142-144.
[7] 庞素华 . 知识经济背景下企业经济管理的创新对策 [J]. 黑龙江科学，2019，10（01）：124-125.
[8] 殷秀梅 . 基于市场营销角度下企业经济管理模式探讨 [J]. 经贸实践，2018（19）：219.
[9] 熊红梅 . 现代企业经济管理模式的规范化分析 [J]. 南方企业家，2018（04）：114.
[10] 崔淑霞 . 区域经济一体化背景下城市经济发展的法律思考 [J]. 大庆社会科学，2018（01）：54-55.
[11] 夏军 . 我国农业自然资源管理的法制化建设 [J]. 理论观察，2001（04）：56-57.
[12] 李霄锐 . 区域市场营销与企业市场营销的关系研究 [J]. 环球市场，2016（13）：27-28.
[13] 张建军，渠国富 . 新技术环境下小微企业的市场营销管理创新 [J]. 企业改革与管理，2016，23（2）：94-95.
[14] 李青君，赵若妍 . 企业经济管理中的若干问题与对策分析 [J]. 商场现代化，2015（06）.

[15] 庹祖龙 . 供电企业电力营销管理中营销稽查的应用及实践意义探寻 [J]. 科技与创新，2016（04）：54.

[16] 王澜 . 转型创业：传统企业转型的现实出路 [J]. 企业管理，2016（08）：23-26.

[17] 梁弘秀，范仲文 . 企业数字化营销管理研究 [J]. 商场现代化，2005（05）：83-84.

[18] 胡涛 . 新常态下中国经济发展态势和结构动向研究 [J]. 中外企业家，2018（07）：49.

[19] 刘金全，冯坚福 . 中国经济新常态的宏观表象和微观基础 [J]. 社会科学文摘，2016（09）：56-57.

[20] 陈明星，陆大道，龚颖华 . 经济地理学视角下中国经济新常态的格局与类型划分 [J]. 地理科学，2016（07）：965-972.

[21] 王换娥 . 公共经济管理创新研究 [J]. 合作经济与科技，2016（21）：176-177.

[22] 刘秉镰，边杨，周密，朱俊丰 . 中国区域经济发展 70 年回顾及未来展望 [J]. 中国工业经济，2019（09）：24-41.

[23] 张满银 . 建国 70 年中国区域规划的回顾与展望 [J]. 工业技术经济，2019，38（10）：6-13.

[24] 张可云，何大梽 . 改革开放以来中国区域管理模式的变迁与创新方向 [J]. 思想战线，2019，45（5）：129-136.

[25] 董姝娜，武向平 . 区域经济一体化进程中政府间合作模式研究 [J]. 经济纵横，2013（7）：91-94.

[26] 李剑林 . 基于发展观演变的中国区域经济发展战略及空间格局调整 [J]. 经济地理，2007，27（6）：896-899，903.

[27] 安树伟 ."一带一路" 对我国区域经济发展的影响及格局重塑 [J]. 经济问题，2015（4）：1-4.

[28] 马小南 ."一带一路" 建设背景下区域经济的发展新格局 [J]. 学习论坛，2016，32（07）：32-34.

[29] 郭先登 . 大国区域经济发展空间新格局理论与实践新发展的研究 [J]. 环渤海经济瞭望，2017（01）：3-11.

[30] 孙凯 . 研发投入对区域创新能力的影响 [J]. 现代经济探讨，2019（6）：14-21.

[31] 朱国传 . 区域经济发展：理论、策略、管理与创新 [M] 北京：人民出版社，2007.

[32] 王勤 . 湄公河次区域经济合作的特点与前景 [J]. 南洋问题研究，2003（04）：9-17+92.
[33] 李学鑫，田广增，苗长虹 . 区域中心城市经济转型：机制与模式 [J]. 城市发展研究，2010，17（4）：26-32.
[34] 杨丽艳 . 区域经济一体化法律制度研究 [M]. 北京：法律出版社，2004.
[35] 王培志 . 农业经济管理 [M]. 济南：山东人民出版社，2016.
[36] 易高峰 . 数字经济与创新管理实务 [M]. 北京：中国经济出版社，2018.
[37] 王宛濮，韩红蕾，杨晓霞 . 国际贸易与经济管理 [M]. 北京：航空工业出版社，2017.
[38] 朱伏平，杨方燕 . 经济管理 [M]. 成都：西南交通大学出版社，2018.
[39] 吴元波 . 经济管理 [M]. 上海：文汇出版社，2007.
[40] 颜廷君，顾建光 . 中国经济与管理（2018 第 1 辑）[M]. 北京：中国书籍出版社，2018.
[41] 王关义 . 经济管理理论与中国经济发展研究 [M]. 北京: 中央编译出版社，2018.
[42] 朱瑞光 . 强化公共经济管理对改善民生的影响 [J]. 中国商论，2018（34）: 165-166.
[43] 孙钰，崔寅，冯延超 . 城市公共交通基础设施的经济、社会与环境效益协调发展评价 [J]. 经济与管理评论，2019（6）：122-135.
[44] 何国民，沈克印 . 我国省级区域体育公共服务与经济协调发展评价研究 [J]. 武汉体育学院学报，2019，53（10）：56-62，74.
[45] 高萍萍 . 经济建设中公共资源交易领域的诚信体系建设分析 [J]. 中国商论，2019（18）：221-222.
[46] 权印 . 特色社会主义循环农业经济发展——评《发展农业循环经济的机制与对策研究》[J]. 中国瓜菜，2019，32（11）：111.
[47] 刘建芳 . 农业企业资产结构对企业经济效益的影响分析 [J]. 湖北农业科学，2019，58（22）：226-228，238.